どうすれば幸せになれるか
科学的に考えてみた

予防医学研究者
石川善樹 × ニッポン放送アナウンサー
吉田尚記

YOSHIKI ISHIKAWA × HISANORI YOSHIDA

KADOKAWA

どうすれば幸せになれるか
科学的に考えてみた

予防医学研究者
石川善樹 × ニッポン放送アナウンサー
吉田尚記

YOSHIKI ISHIKAWA × HISANORI YOSHIDA

KADOKAWA

はじめに

ニッポン放送アナウンサー
吉田尚記

「そこそこじゃない人生」を手に入れるために

「科学と宗教の違いってなんだろう？」

そんなことを考えていた大学生のとき、カール・ポパーという哲学者の存在を知りました。彼の主張をざっくり説明すると、「世界は神が創りたもうた。そのこと自体を証明する必要はない」というのが宗教。「まあまあ、神が創りたもうたかもしれませんけど、でも調べてみたところビッグバンっていうものが昔あったみたいですよ？　ほら、こういう証拠があってね……」というのが科学なんだそう。

つまり、科学とは「新しい事実が発見されると、『これまでの仮説は間違っていました』

と教義を訂正していく唯一の宗教」。かっこよく言えば、科学には「反証可能性」があるんですね。

僕の本業はアナウンサーです。大学は文学部出身なので、科学に関する詳しい知識はとくに持ち合わせていません。

でも、「科学って、僕たち一人ひとりの人生にも応用できるんじゃないか？」という予感は、自分のなかにずっとあったんですね。常識がどんどんアップデートされていく科学の世界の最新の知見を借りて、人が幸せに生きるためのメソッドを、誰にでも取り扱える形で教えてくれる。そんな科学者にどこかで会えるといいのに——。

そんなことを20年くらい考え続けていたら、石川善樹さんに出会いました。

予防医学の研究者で、東大医学部卒でハーバードの大学院を修了した超エリート。まあ経歴自体がすでにすごい人なんですが、それ以上に僕が「この人すごい！」と感じたのは、話す内容の面白さ、ワクワク感です。

たとえば、石川さんは『友達の数で寿命は決まる』（マガジンハウス）という本を書いています。タイトルからして「は⁉」って思いません？　「健康習慣で寿命は決まる」ならわかりますよね。でも石川さんは、「友達の数」と「寿命」という一見なんの関係もなさそうな事柄の結びつきを、最新の予防医学で発見しています。ほかにも、石川さんの研究分野の一つにダイエットがあるそうなんですが、「ダイエットは友達の友達とはじめると継続率が上がる」という説も提唱しています。

そういう説を聞くと、なんだかワクワクしませんか？　ついでにいうと、世界のあらゆる未解決問題って、たぶんこういうまったく次元の違うことが結びついたときに解決されるんじゃないかな、と僕は思っています。

おそらく大多数の人は「人生にそこそこ満足」しながら生きているのかもしれません。あなたも「そこそこの人生でいい」と思っていますか？

でもね、それって嘘ですよ。絶対。

社会的な評価とか地位とか、そういう外部の目線では「そこそこ」でも不満はないかもしれない。でも自分の人生の実感、手応えすらも「そこそこでいい」とは、本心では絶対に誰も思っていないはずなんです。

判決が確定した死刑囚が一番「認めたくない」と感じていることは何だと思います？　刑が執行されること？　被害者に復讐されること？　……いえ、「自分の人生に意味がないかもしれないと思うこと」だそうなんです。自分が犯した殺人という罪は、やむを得ないものだった。そう納得できているのなら気持ちを保っていられる。でも、もしかしたら殺人すらも結局は無意味なことで、**自分の人生には意味がなかったかもしれない。そう思ってしまうことが、どうやら人にとっては一番怖いことらしい。**

僕たちの人生も、突き詰めていけば同じなんじゃないでしょうか。お金とか出世とかそんなことじゃなくて、「自分の人生に意味はある／あった」という実感はやっぱり誰もが強烈に欲している。全員が全員、芸能界でトップを目指すべき、とかじゃないですよ。**すべての人がそれぞれの個人的戦略で「そこそこじゃない人生」にたどり着くやり方は、絶対にあるはずなんです。**

この本では石川さんと僕の対談を通して、「**そこそこじゃない人生」にたどり着くため**

の方法論をぎっしり詰め込みました。石川さんは科学者です。科学者とは、こういう研究結果があって、こういう知見があります、という証拠を見せてくれる人。だから解釈論や精神論は語りません。

そして話してみてわかったんですが、どうやら僕たちは対照的なタイプのようです。僕は「何事もまずやってみる！」という実践派・行動派なのに対して、石川さんは真逆。彼女をつくるための第一歩として、国会図書館に行くような人です。（詳しくは第4章で！）

でも実は、意外と似ている部分もある。それは**二人ともワクワクすることが大好きで、「深刻ごっこ」が嫌い**だということです。

おそらくシェイクスピアの時代から気づかれていたことだと思うんですけど、エンタテインメントの世界だけは深刻になったほうが、話が面白くなることが多いんですね。「生きるべきか死ぬべきか、それが問題だ」って、深刻で注意をひかれますよね？　でも現実を生きる僕らからしたら、「いや別に問題じゃないから。生きとけ！」の一択であるべきだと思います。ともあれエンタテインメントの世界にどっぷりつかっている僕たちは、人生は深刻なものだ、と思ってしまっている面がある。でも人生に深刻さを導入する必要って本当にありますか？　だから、この本では深刻なトーンは一切ありません。

深刻になっているときって、視野が狭いんです。子どものときってそうじゃないですか。僕も学校の花瓶を割っただけで、「もうだめだー！」って絶望してましたもん（笑）。

大人になってからも、視野が狭くなってしまうことは多々ありますよね。自分にとって何が幸せかわからなくて、人生に意味がないと思えてしまう。もしも、今のあなたがそういう状態に陥っているのなら、もしくはこの先そう思ってしまったときに、本書はそこから抜け出す手立てを、科学的に、そして実践可能な形で教えてくれるはずです。

あなたにとっての「幸せ」はなんなのか、いったいどんな形をしているのか。読み終えたときにはそれがきっとクリアに見えてくるはずです。

どうすれば幸せになれるか科学的に考えてみた　目次

はじめに……4

第1章　人生の問題は、科学でどうにかなりますか？

誰でも扱える「人生を幸せにするコツ」はきっとある……18
究極のゴールは「朝ワクワクして目が覚めて、夜満ち足りた気持ちで眠れるか」……19
幸せな大人とは「お尻を出せる人」である……21
人間だけがもっている「思いやり」の快楽……23
新しいアイデアは外からもらう……25
「孤独遺伝子」の持ち主が人類を救う……27
検索で新しいアイデアは見つからない……29
「長く活躍できる人」と「一発屋の違い」は……29
科学者はつねにダウンタウンの松本さんと勝負してるようなもの……32
「驚き」と「新しさ」の最適バランス……33
常識は何のためにあるのか……36
「うんこ」と「寿限無」はグローバルな鉄板ネタ……37
「副作用」を教えてくれる人は信じられる……39

第2章 「感情」について科学的に考えてみた

ネガティブ感情にも意味はあるのか …… 44
不景気の本質は不機嫌である …… 45
ポジティブ感情は生き延びるための知恵 …… 47
「最近、恐怖感じてねーな」と思ったらゾンビ映画を …… 48
「怒り」は思考に何をもたらすか …… 50
ハーバード発「感情のチェックリスト」 …… 52
「希望」は絶望を経験しないと生まれない …… 54
習慣化がうまい人は、感情コントロールがうまい …… 56
クリエイティブにはポジティブ、戦略練るならネガティブ …… 57
「問い」はハイテンションで生み出す …… 59
ハーバードのエリートだって勉強中は眠くなる …… 61
嫉妬しない人の共通点 …… 63
トップパフォーマーは「自分を突き動かす感情」を知っている …… 65

第3章 これから生き抜くために、何を勉強したらいい？

数学って人生の何の役に立つんでしょう？ …… 70
神童はなぜ中学生になると「潰れる」のか …… 71

圧倒的な天才と並んでやきそばを食べる経験……73
偉大な発見はいつも「普通」を問うことから……75
お笑い芸人はなぜ事業で成功しやすいのか?……76
ディテールを突き詰めていくと、すごい発見につながる……78
「理解」には5つの段階がある……81
大統領に妻のファッションチェックをさせてはいけない理由……82
学問とは2千年間続く「壮大なコミケ」……84
科学は直感を覆すための方法論である……86

第4章 科学的に見ると、恋愛と結婚って何ですか?

何を話したらいいかわからないから、女性の研究を始めてみた……90
「彼女つくるなんて、数式解くより簡単じゃねーか」……91
彼女をつくるために「糸くず」を持っていた……93
「彼女いるんですか?」に対する圧倒的な正解……95
30年間分の女性誌を読んで得た結論……97
ダイエットについて考え始めたら、恋とかどうでもよくなった……99
スイートルームと花束で「ドンベタ」プロポーズ……100
ボノボの世界はセックスがありふれている……102

「いい人がいたら結婚」だと一生結婚できない……103
「俺は今年結婚する」と意思決定して、お花見へ……104
結婚とは「この人がいい」じゃなく「この人でいいや」……107
つき合いたい相手とは、将来の話だけをしよう……109
妻は夫を「存在レベル」では信じていないのか？……112
女性のコミュニティ最上位は「誰とでも仲よくできる子」……113
家に帰っても妻はいないと毎日思ってる……115

第5章　幸せに生きるには多様性が必要だ

流行はどうやってつくる？……120
「弱いつながり」のクチコミは意外と強い……123
日本のピンクリボン運動は大成功したケース……127
日本では「現状追認メッセージの歌」がはやりやすい……128
人がクチコミを信じる条件……131
人間はランキングが好きな生き物……133
イチゴ大福ときゃりーぱみゅぱみゅという「大発明」……135
クリエイティビティ＝新しさと受け入れやすさのバランス……137
マスメディアで露出すればはやる時代は終わった……138

多様性が生まれると困るのは誰だ？……140

第6章 人生の幸せは科学で分解できる

「楽しい」は科学的にどういう状態か……144
「人の笑顔を見るのがうれしい」？ ちょっと待て！……146
日本人は「空気を読む訓練」を受けている……149
人は「幸せの先のばし」をしがちである……150
余暇の時間が増えて、暮らしはどう変わった？……151
死ぬ間際に後悔する「もっと自分の欲望に忠実であればよかった」……153
楽しくないことの中に、楽しさを見出す技術……156
「とりあえず休みたい」は本当の欲望じゃない……157
住宅ローンを組むことは、自分と向き合う時間を減らすこと……160
悪魔に魂を売らず、いい感じになる方法……161
がんばって何も変わらなくても、それはどうでもいい……163
目的地が見えなくても、「いけそうじゃね？」という感覚を持つ……164
世界を変えるために身のまわり30㎝を変えていく……166
宝探しの気分でやれば、つまんなさも楽しめる……168
最弱ビジネスパーソンなりの戦い方……169

40代にならないと、本当に何がやりたいかはわからない……171
どんなにＡＩが進化しても、外国語は勉強しといたほうがいい……173
生きる意味より死なない理由を探せばいい……175

第7章 「幸せに生きる方法」が見えてきた！

人類でもっとも楽しむのがうまいのは「オタク」だ！……180
好きなことだけやっていると行きづまる……184
人生の方向性を決めるのは50歳くらいでいいんじゃないか……185
「予想不可能性」をもっと楽しもう……186
幸せに生きる方法が見えてきた……188
武器になるのは専門性より「無知さ」……190
人生を支えるコンセプトはあるか……191
戒名を決めると大事なことが見えてくる……193
日本経済は確実に「進化」している……196

おわりに……199

第１章

人生の問題は、科学でどうにかなりますか？

誰でも扱える「人生を幸せにするコツ」はきっとある

吉田　よくある「人生を幸せにするコツ」って、嘘臭いなぁって感じるんです。誰が言っても、どこかブレがあるじゃないですか。でも、そういうコツが存在しないわけではないとも思います。**僕ら一人ひとりが幸せになる方法はきっとある。だからもっと厳密に、誰でも取り扱える方法を見つけたい**なって。で、それをいちばん知ってそうなのが石川さんのような「科学者」だという気がしているんです。

石川　光栄ですが、なぜそう思ったんですか？

吉田　科学の視点って、枠がデカイじゃないですか。僕、大学のとき人間科学専攻だったんですが、必須図書として読んだデズモンド・モリスの『裸のサル』がすごくおもしろくて。たとえば宇宙人が地球に来たとして、「これはクジラという生き物だ」「これは馬という生き物だ」と観察する。そのとき人間だけを特別扱いしたりしない。「人間はサルの一種だ」「このサルは頭髪以外に毛がない」「裸の猿だ」って記述していくだろうというわけです。「夜寝て朝起きる」とか、「基本的には一夫一婦制だが一部ではそうでない例も見られる」とかね。

石川　ああ、そうでしょうね。

吉田　めちゃくちゃおもしろい視点だと思ったんです。でも人が意思決定したり、物事を前に進めようとしたりするとき、あまり科学的な視点で考えないじゃないですか。だからこそ、科学的に「幸せとはこうだ！」って言えれば、誰でも生かせる知恵・技術になる、と思ったんです。

究極のゴールは「朝ワクワクして目が覚めて、夜満ち足りた気持ちで眠れるか」

石川　僕は「予防医学」――人がよりよく生きるためにどうすればいいのかを考える学問――を研究しているんですが、その究極のゴールは「**朝ワクワクして目が覚めて、夜満ち足りた気持ちで眠れるか**」なんです。

吉田　うわ、それすごく具体的でいい目標ですね！　そのゴールを設定するまでに、どんな経緯があったんですか？

石川　けっこう長い歴史があるんですよ。人類が苦しんできたのって、貧困と病気なんです。戦争がいちばん悪いと言う人もいるけど、大局的に見れば戦死者より病気や貧困で死んだ人のほうが圧倒的に多い。人類は数千年という時間をかけて、かなりの部分の貧困と病気を克服してきたんです。そのために生まれたのが、病気を治す「臨床医学」と、病気になりにくい心身を維持する「予防医学」。

吉田　「昔はよかった」って言う人もいるけど、今のほうがずっと条件がいいですよね。

石川　僕もそう思いますね。で、貧困と病気をだいぶ克服できるようになってきた現在、朝ワクワクして目が覚めて、夜満足して眠れるかという昔ながらの永遠のテーマに本格的に取り組めるようになった。だから僕はそれをずっと研究してるんです。

吉田　具体的にはどんな研究なんですか？

石川　たとえば日本の夏は暑いものですが、その状況をどうしたら楽しめるのか考えたり。

吉田　それは知りたい！

石川　まずですね、暑い暑いと言う前に、**その気持ちを俯瞰して見るんです。「自分は今、暑いと感じてるなあ」って。暑いって感情に脳をハイジャックされないようにする。**そうすると余裕が出てくるんですね。で、余裕をもってまわりを見てみると、すでに夏を楽しんでらっしゃる方々がいた。子どもたちです。

吉田　あ、子ども！

石川　子どもたちって、エスカレーターと階段があったら階段を選ぶんですよね。お母さんと手をつないでいても、ぱっと離しちゃって階段を駆け上がる。僕、それを真似して階段を駆け上がってみたんです。まあ疲れる。だけど、楽しいんですよ。

吉田　あー、すげえわかりますね！

石川　暑い夏でも思いっきり体を動かすと、脳からエンドルフィンとかが出て、楽しくなるんですね。ああこうやって楽しむんだな、と子どもたちから教えてもらいました。よし、これで1個ワクワクした気持ちになったなって。そういうことを日々積み重ねています。

幸せな大人とは「お尻を出せる人」である

吉田　昨日ラジオ収録が終わってから、ゲストの女の子と話してたんですよ。「大人の男性は2つに分けられる。お尻を出しそうな人と、出さなそうな人。出しそうな人のほうが基本的に幸せそう」って。

石川　お尻を出した子1等賞みたいな（笑）。

吉田　そう。だいたい子どもって、お尻出しそうじゃないですか？　大人でもお尻を出せそうな人が幸せそうだなと。たとえばタモリさんは出せそうですよね。僕、大好きなんです。でも総理大臣でお尻出せそうな人は見当たらないなあ。

石川　田中角栄くらいですかね。

吉田　もしかしたら小泉純一郎も出せるかもしれない。そういう人たちって、なんかいいというか、でっかい感じしますよね。でも多くの人は、大人になるとお尻を出せなくなる。何でだろう？

石川　無邪気さが失われるからじゃないでしょうか。**無邪気であるかぎり、ありとあらゆることから学べるし、楽しく幸せに生きられる**と思うんですけどね。

吉田　たとえば僕はこの真夏に自転車で原宿まで来たんですが、まわりの大人からは「こんな暑いのに何で？」って言われるんです。いや、だって楽しいじゃんって思うんですが。小学生同士なら「自転車で旅行したぞ！」って言えば、「おまえすげえな！」ってなるのに……。みんな、なんで無邪気をやめちゃうの？

石川　褒められなくなるから、っていうのが大きいんじゃないですかね。小さい頃って、ちょっと笑ったり立ったりするだけで、めちゃくちゃ褒められるじゃないですか。赤ちゃんがしゃべったらもう大騒ぎだし、一人でトイレできても褒められる。うち、犬がいるんですけど、犬がおしっことかうんちすると、奥さんがすげえ褒めるんです。僕は毎日やってるのに1回も褒められないですよ？　そこなんだと思う。褒められなくなると、人はやらなくなるんじゃないですかね。

人間だけがもっている「思いやり」の快楽

石川　さっきデズモンド・モリスの話が出ましたけど、彼の研究をもっと進めていったのが、おそらく京大総長の山極《やまぎわ》寿一先生。ゴリラの研究者で『ゴリラ』（東京大学出版）って著書があるんですけど、超おもしろいですよ。話すものすべてをすぐジャングルに喩える先生なんです。で、その山極先生が言ってて「ああそうだな」って思ったんですが、霊長類が３００種類くらいいる中で人間だけに見られる行動がある、それは「赤の他人に餌をあげること」だと。

吉田　へぇえ！

石川　まあ他の霊長類も自分の子どもやコミュニティには餌をあげるんだけど、まったく知らない赤の他人にあげるのは人間だけだというんですね。なぜそれが可能になるかと僕なりに考えると、苦しんでいる人、困っている人に手を差しのべるのは、人間にとって気持ちがいいことだから。困っている人に手を差しのべる、つまり**思いやりっていうのは、人間の本質の一つなんじゃないか。**

吉田　めちゃくちゃいい本質じゃないですか。

石川　あと、これは推測ですが、餌を分けてもらえるってことは、人間にとってどういう意味があったのかと考えると、長距離移動が可能になったんじゃないかと思うんです。つまり、餌をもらえるので、知らない土地まで行って、そこで新しいアイデアをもらって帰るので、知性が発達したんじゃないかと。要するに、（1）新しいアイデアを外に取りに行く、（2）それをコミュニティ内でシェアする。基本的な人間行動っていうのは、この2つなんじゃないかなと。

吉田　うんうん！　すごくしっくりきます。

石川　で、僕ら科学者がやるのは、（3）新しいアイデアを考える・つくること。まとめると、人生には次に挙げる3つの活動があります。

【人生の3要素】

（1）新しいアイデアを外に取りに行く
（2）コミュニティでシェアする
（3）新しいアイデアを考える

石川　で、これがもっともうまく機能する最大人数が10万人といわれているんです。10万を超えると、アイデアをシェアするのが難しくなってくる。

吉田　はあ。

石川　その10万人も、細かく分かれています。部族や家とかのコミュニティは150人がMAX、その中で人が本当に親しく交流できるのは6人といわれています。6、150、10万という数字が今のところの研究結果です。つまり新しいアイデアをシェアするうえで大事なのは、親しい友だち6人をどう持つか。自分がコアとする150人のコミュニティをどう持つか。そのほかの10万人が住む都市をどう選ぶか……みたいに考えると、研究者っぽい人生の見方ですね。この3つをどれくらいのバランスでやると、その個人がもっともサバイブできるかって研究もあります。

新しいアイデアは外からもらう

吉田　その3つの活動の最適なバランスってあるんですか？

石川　驚くべきことに、10のエネルギーがあったとすると、9を新しいアイデアを外に取りに行くことに、そして1のエネルギーをコミュニティでシェアすることに使ったほうがいいみたいです。自分たちで新しいアイデアは別に考えなくてもよい。
吉田　えっ。でも誰か新しいアイデアをつくらなきゃいけないですよね。たとえば研究者は（3）をやる人たちじゃないですか？
石川　科学者やクリエイターと呼ばれる人たちはそうですね。新しい歌や文章をつくったりする人たちもそう。
吉田　それはやりたい人がやればいい？
石川　そうです。勝手にやってくれる人が出てくるんです。
吉田　新しいアイデアをつくることに関しては、誰かが「やれ」と言う必要はないってこと？　コミュニティ内全体を見て、シェア係とか取りに行く係とか、誰かが決めてアサインしなくていい？
石川　うーん、まあ誰かが割り振ったほうが効率はいいかもしれない。放っておくと、9対1という割合にはならないと思うので。
吉田　放っておくと、どうなるんですか？
石川　ずっとコミュニティの中にいる人と、ずっと外にいる人に分かれてグラデーションになります。ラジオ局でも9対1で外に出る人もいれば、外に出ないで社内政治に汲々とする人もいますよね？

吉田　ええ、まあ（笑）。

「孤独遺伝子」の持ち主が人類を救う

石川　**孤独になりたい、一人になりたいっていう「孤独遺伝子」を持っている人がいるんですよ。**その遺伝子を持っている人は、村から外へ出て行くんです。村にいれば安全なのに、新しいところを勝手に開拓してくれるんですね。どんな山奥の村でも、外の世界に出て行く人は絶対いる。

吉田　へええ！　それって、どの人種、血筋でもそうなんですか？

石川　アメリカ人には多いっていわれてますね。新規性を求める遺伝子、いわゆるフロンティアスピリッツがもともと多いので。

吉田　なるほど。でもコミュニティ内部にいるより、外に出て行くほうが当然リスクがありますよね。つまり「開拓者」たち自身の生存確率は下がってしまうのでは？

石川　はい。でもそういう人がいるからこそ、コミュニティは持続する。感染症がはやって村が全滅しても、その人は生きのびるとか、新しい土地の新しい資源が見つかったりすることもあるので。だからそういう開拓者が、人類全体としての生存確率を上げてくれているともいえる。でもその人個人はあきらかに危ないんですよ。冒険野郎は個としてはリスクが高いし損をしがち。だけど、全体から見ると、そういう人がいるからよくなる。

吉田　でも孤独遺伝子の持ち主は必ずしも損してばかりじゃないですよね。新しい価値観を持ち込むから、ビジネスで大成功する可能性とかもありそう。まあ成功を求めて出て行くわけじゃないんだろうけど。

石川　そういう人って、外へ出て行かざるを得ないんです。たとえば日本を出て行く人って、「日本に合わない人」なんですよ。たぶん遺伝子レベルで合わない。ケニアでコンビニ事業をやっている女性がいるんですが、彼女は昔からとにかく日本が合わないらしくて。でもアフリカに行くとめちゃくちゃ落ち着く、帰ってきたーって思える。日本に来ると「早くケニアに帰りたい」って思うらしいですよ。日本人なんですけどね。

吉田　それはもう、感覚レベルでそうなんですか？

石川　そういう人って不思議といるんですよね。ちなみにケニアって、日本みたいにモノの定価がなくて、お客さんによって値段が違うんですよ。それで彼女がモノの値段を書いて「誰が来てもこの値段です」って売ってみたら、すげえイノベーションだって評判になったらしくて（笑）。そうやって新しい世界が開拓されていくんでしょうね。

検索で新しいアイデアは見つからない

吉田　新しいアイデアを外に取りに行くって、わかりやすくいうと「留学」みたいなことだと思うんですが、今はそういう内圧・外圧がどんどん減っている気がする。

石川　新しいアイデアを取りに行ってるつもりでネットをチェックしていても、Yahoo!とかGoogleで検索して上位に出てくる結果だけを見る、もしくは日本語の情報だけを見ているなら、それは全然新しくないですよね。**みんながインターネットを見始める世界になったら、そうじゃない方法で情報を取りに行ったほうがいい。**インターネットって、もうコミュニティ内部に埋め込まれているものですから。

吉田　インターネットって「誰かが発信し終わったこと」しか載ってないですもんね。

石川　インターネットって、もはや新しくないんですよ。

「長く活躍できる人」と「一発屋の違い」は

石川　もうちょっと違う角度で「長く活躍できる科学者は、一発屋とどう違うのか」って研究があるんですが、長く活躍できる人って、平均5回くらい、大胆に研究分野を変えている人のようなんです。

吉田　専門分野が複数あるってこと？　手塚治虫が漫画も描いていて医学博士だった、みたいな？

石川　そういう感じ。つまり5つくらいの新しいコミュニティから知見をとってきている。他の人から見ると「全然違うじゃん」ってことをやっていても、高い視点で見ると一貫していたりする。視点が上がると視野が広がって、全然違うように見える分野も視野に入ってくるんです。これは科学者に限った話じゃなくて、**今は誰もが5つくらいの専門分野を持って、それを組み合わせていかないと生きていけない**と思うんですよね。

吉田　「生きていけない」っていうのは、競争に勝ち抜けないということ？

石川　そうです。がんばって一つの専門分野を見つけても、すぐ陳腐化してしまう可能性が高い。たとえばデータを分析するデータサイエンティストって職業があるんですけど、近年、解析自体は誰でもできるようになっちゃったんですよ。

吉田　コンピュータのプログラムでやればいいと？

石川　ええ。昔はかなり高度なことだったんですけど、この数年でガラッと状況が変わって、そこらへんの学部生や高校生でもできるようになった。解析自体に価値がなくなってしまったら、それだけやっても生きていけない。そうなると、5つくらい別の知見も合わせて解析できないといけないですよね。

吉田　それって意識的にできるものなんですかね？

石川　意識的に5つの分野を身につけようとしても、やりにくいと思う。そもそも、どの5つにしたらいいのかわからないですからね。「ビッグピクチャー」から物事をとらえると、意思決定しづらいと思います。

吉田　ビッグピクチャー？

石川　大局的に世の中を見渡したときに、今の自分は何を5つ身につければいいんだろうというふうに全体像を描くことです。就活前の大学生みたいに。

吉田　「今の時代、有利にするなら、英会話やって、プログラミングもやったほうがいいかな」……みたいに考えることですか。

石川　そう。でもそれだと、みんな同じものを目指すことになる。素振りと似ていて「千回するぞ」って思ってやるより、「結果として千回だった」ほうがいいような気がします。

吉田　そうなるためには、どうすればいいんでしょうね？

石川　ある意味、なんでもいいんじゃないですかね。**最初に与えられたものを天職だと思って、そこをめちゃくちゃ掘っていけば絶対別なところへつながっていく。**あまり深く考えず、いま取り掛かっている分野でディテールを突き詰めればいいんじゃないかなあって思いますね。

科学者はつねにダウンタウンの松本さんと勝負してるようなもの

石川　科学者って、だいたい変な人生を送っている人が多いんですよ。

吉田　芸術家みたいな？　でも「芸術家と科学者って、どっちが変人に思いますか？」って質問を世間の人に投げかけたら、たいてい科学者のほうが安定してて常識的って思いますよ。

石川　あー、そうかもしれないですね。もう少しお話しすると、たとえば、今の時代の科学者は大学とかに所属するんですけど、将来があるかっていうと、ないんです。上の人たちが詰まってますから。ラジオ局も一緒かもしれないですけど、上がなかなか動かないから、若い人が入ってきても行き場がない。

吉田　お笑いの世界もそうですよね。ここ20年くらい、テレビに出ているお笑い芸人が同じ人みたいな。

石川　そうそう、詰まっちゃってる。だから社会人として科学者を仕事にするってことはお笑い芸人になるのを選んでいるようなもので、すごく成功確率が低いんです。

吉田　科学者における「成功」って、たとえばノーベル賞をとるとか？　確かに相当難しそうですが。

石川　めちゃくちゃ厳しい戦いですよ。つねにグローバルで勝負しないといけないですから。大学に行ける人って、世界人口の1％くらいなんですけど、その1％の中のさらに頭のいい人が科学者になってるわけなので、とんでもなく厳しい商売です。お笑い業界に喩えるなら、つねに「ダウンタウンの松本さんと勝負せよ」みたいな戦いをしなきゃいけないわけです。超大変です……。

「驚き」と「新しさ」の最適バランス

石川　話は変わりますが、「型」ってありますよね。サッカー日本代表の某監督が、スペインの有名なサッカーの監督と話していたときに、「日本にはサッカーの型がないのか」と聞かれたそうなんです。スペインのサッカーはしっかりした型を持っているそうなんですね。それを聞いて日本代表の監督も、「世界で日本人が勝つための型」をつくろうと思ったそうなんです。そういった**型とか常識ってすごく大事で、人はそれをもとに「ある程**

度はこうじゃないのか？」って予測できるんですね。その予測から外れるとき、「型から外れたおもしろさ」が生まれるんですよ。型から離れすぎていると、ただ驚いて終わるんです。

吉田　はー、それはすごくわかります。

石川　たとえば道を歩いていて「わっ！」って言われると、驚いて終わりじゃないですか。でも適度な驚きと納得感がセットになれば「おもしろさ」になる。だからハプニングはおもしろい。完全に余談ですが、ちょっとハプニング話をしていいですか。今、対談してる原宿って、僕、怖いんですよ。みんなオシャレだから（笑）。基本的に上も下も下着もすべてユニクロを着ている僕には怖い街なんです。で、今日ここに向かって歩いてたら、知らない人にファッションチェックされたんですよ。どうやら「イケてない人をイケてるようにする」みたいな企画らしくて。「遅刻するから」って言ったのに「何着てるんですか？」って放さないんですよ。全身ユニクロって言うとちょっと恥ずかしいな、かっこよくごまかせないかな、と思って「タダシ・ヤナイです」って答えて逃げてきたんです。

吉田　ユニクロ社長（笑）！

石川　言ってみるとそれっぽいな、って思って。「タダシ・ヤナイは最近、日本で売れてるブランドで、世界でも売れてるらしいんですよ」って言ったら、「何ですかそれ？」って言われたけど、「じゃあ急いでるんで」って逃げてきた。たぶん今頃気づいて怒ってると思う（笑）。

吉田　ユニクロかよ！　って。まあユニクロもすばらしいブランドですけどね！

石川　ユニクロもタダシ・ヤナイって言えばかっこよく聞こえるなあって。……話を戻しましょう。常識から外れたことをするのは確かにおもしろいんです。でも外れすぎるとだめ。

吉田　それをちょうどいい範囲内に収めることが、お笑い芸人たちが職人芸として身につけていることですよね。

石川　そうですね。ある有名なお笑い芸人が、「音楽とか絵画とかって、素人が見て聞いても、あまりわからない。でも美術家みたいな人がこの絵は素晴らしくてね！っていうと、そうなのかなって思う。芸術の世界にはプロがいて、その人たちが何がいい作品かをジャッジしている。でもお笑いは〝お笑いのプロ〟がこれはおもしろいと言っても、一般の人にはまったく通じない。だからテレビでやるときは、笑いのレベルをものすごく落とさないといけないのがフラストレーションだ」というようなことを言っていて。なんでお笑いだけは俺らプロがおもしろいって言っているのに、みんなわかんねえんだ？　って。やっぱりそれは「驚き」が大きすぎるからだと思うんですね。

常識は何のためにあるのか

吉田　今の話を聞きながらずーっと「常識って何のためにあるんだ」ってあらためて考えていたんですが、きっと世の中を成り立たせるため、ですよね。そういうふうにみんなが思ってくれないと効率的な社会運営ができないから。個人の幸せのためじゃない。常識って、母集団によって全然違うじゃないですか。たとえば「わが家の常識」が「他家の非常識」だったりする。もっと大きな例でいえば、日本人の常識と中国人の常識もあきらかに違う。唇に皿を入れているアフリカの民族の常識も、日本人の常識と違う。**常識のバリエーションってものすごい数があるはずなのに、どれかが「絶対」って感じるのは何でなんでしょうね？**

石川　それは「真実」とは何かという話だと思います。僕が留学していた学校のモットーは、「ベリタス」。ラテン語で「真実」って意味だったんですよ。真実とは何かを学ぶんです。

吉田　へえ！　どういう結論になるんですか？

石川　最終的には、「真実は一つだと思いがちだけど、**どんな薄い紙にも表と裏があるように、全然違った見え方がある。常識と思っているものは、その一つに過ぎないかもしれ**

ない。真実はどの角度から見るかによって全然違う解釈がある」ってことを学ぶんです。だから日本人の常識と中国人の常識が違うように見えても、もしかしたら別の角度から見ているだけの可能性もある。

吉田　そうか、じゃあ常識にも階層があるってことかな。別の階層の常識ってことでいうと、僕、世界中にレストランがあるっていうのが不思議でしょうがないんです。世界中どこに行っても、オーダーして、料理が来て、伝票で支払う似たようなシステムじゃないですか。食べ物を効率的に調理して提供する方法って、レストランじゃなくてもいいですよね？

石川　なるほど。特定の業界にしぼれば、そこでの常識は、どこでも似ている気がしますね。価値観や常識は、人種より職業による差のほうが大きいっていうのはアメリカに留学しているときすごく感じました。アメリカ人と日本人でも、お医者さんの価値観は似てるんですよ。ラジオのアナウンサーもきっと世界中似てるんじゃないですかね。

「うんこ」と「寿限無」はグローバルな鉄板ネタ

吉田　僕、大学のとき落研《おちけん》に入っていて、落語をやりに老人ホームに行ったりしてたんです。あるとき、四国の山の中の老人ホームに行ったんですが、そのとき「東京の大学生の常識と、ここの常識はこんなにかけ離れているのか！」ってすごく実感しましたね。たとえば電車に乗ったことがない人もいる。そういう人に電車の小噺をやっても全然だめなんですよね。でも、うんこの小噺はみんなゲラゲラ笑う。そういう人類普遍のおもしろさってありそうですよね。

石川　あるカナダ人の落語家さんがいて、彼は数カ国語しゃべれるので海外でも落語をしているんですが、鉄板ネタは「寿限無」だって言ってました。あれはどこの国に言ってもウケると。

吉田　まじか！　名前が長いっていうのが？

石川　そう。フランスでもイギリスでも。「じゅげむ、じゅげむ〜」って長い名前を言ったあとに、「早く学校行きなさいー！」って言うと、もうドカン！とウケる。落語って、家族の話とか普遍的な題材を扱っていることがけっこう多いから、コンテンツとして世界で通用するんでしょうね。

吉田　そういえばハリウッドの人たちが、プロットを求めて落語に来ているって聞いたことがある。彼らはもうプロットを使い尽くしちゃってるからって。「うそだろ〜？」って思ってたんですけど、今それ聞いて、あるかもって思いましたね。

「副作用」を教えてくれる人は信じられる

吉田　だいぶいろいろな話を聞いてきましたが、これから人生を科学でひもとく前にあらためて**「科学」って、ひとことで言うと何でしょう？**

石川　**物事を要素分解して、観察して、またそれらを組み合わせていく作業ですね。**19世紀にそれをやったのは医学でしたが。ここでまたちょっと話を逸らしてしまいますが（笑）、それまでの医学は完全に信用ならなかったんです。

吉田　魔術とあまり変わらない、怪しい感じだった？

石川　そう。でも何が有効なテクニックで、何が逆効果なのかを研究して導いたんですね。最近はやっている瞑想もそう。ずっと前からやってきたことだけど、1990年代から研究が行われるようになったんです。

吉田　え、そんな最近なんですか⁉

石川　この25年で相当知見がたまっていますけどね。

吉田　へええ。以前は医学さえも信用できないものだったんですね。いまは科学者の言うことって全面的に信じちゃう気がしますけど、**いい科学者とそうじゃない科学者の見極め**

ポイントってあるんでしょうか。

石川　科学者って、そのテーマに興味があって「いいこと」だと思っているから研究するんです。でも悪影響があるかもしれない可能性をあまり考えないで研究している人は、サイエンティストとしては望ましくない姿勢ですね。だから、たとえば**瞑想の研究者に会うなら、「瞑想の副作用って何ですか？」という問いに答えてくれる科学者がいいと思います。**

吉田　おおー！　なるほど。それって、ほとんどすべての科学者に対して通用する一つの見分け方ですよね。「◎◎の副作用って何ですか？」って。

石川　そうそう、説を否定されると怒る人は科学者の姿勢として正しくない。あるテレビ番組で「○○な人たちは、××という傾向がある」という説明をしていた統計学の先生がいたんですが、タレントさんが「でも僕は違いますよ」って言ったら、その先生は「君はそうかもしれないけど統計はそうは言ってない！」って怒っていて。僕はそれを見ていて、よっぽどタレントさんのほうが正しいなと思ったんです。あんたが言っている統計っていうのは、もっと網羅的なパターンを示していないから、例外的なパターンを指摘されちゃうんだ。それに対して怒るのは何事だって。自分の研究が不充分だったなって反省することはあっても、怒るのはどうなのか。自分が正しいと思っているから怒るんですよね。科学者は自分が間違っているかもしれないとつねに思っていたほうがいい。というか間違ってます（笑）。１００年という単位でみると、科学者が正解であり続けたケースは少ない。

吉田　他の職業の人たちも同じじゃないですか？

石川　クリエイターって呼ばれる人たちは違うかもしれませんね。「自分はこれが正しいんだ！」って信念がないとつくれない気もするんです。みんなにウケるものをつくろうと思ってると、誰にもウケないものができちゃうみたいなことがある。

吉田　確かに。ラジオのディレクターにすごい人がいて、ある朝番組のオープニングテーマ曲を聴いて、１小節長い！」って言うんですよ。これはベストではないと。でも１小節ですよ？　正直、最初それを聞いたとき意味がわからなかった。「そんな差ってあります？」って聞いたら「ある、感覚を研ぎ澄ましたら意味はあるんだ」って言われて。そういうことなんでしょうね。

石川　科学は万物の原理がゴールなので例外が嫌いなんですけど、職人やクリエイターは全員に響かなくてもいいと思う。一人に届けばいいって思ってるし、思わないとたぶんつくれないと思うんです。「こういう言葉だと気分を害する人がいるんじゃないか」「こういう場面を描いているけど万人には通用しないな」とか、そういうふうに考え始めたらもう無理ですもんね。

第２章

「感情」について科学的に考えてみた

ネガティブ感情にも意味はあるのか

吉田　僕はポジティブであること自体が人生の最終的価値だと思っているんです。ポジティブのほうが気持ちいいし、気分いいじゃないですか？　ネガティブであること自体がもうすでに負けな気がするんですよ。まあ、人生は勝ち負けじゃないんですけど。

石川　うーん、それはわからないですね。ネガティブが合っている人や、「こいつらは馬鹿だ」と思っていないと自分を支えられない人も、たぶんいると思いますよ。ちょっと話は変わりますけど、僕には2歳の子どもがいて、子どもが泣いているのを見て僕もよく一緒に泣くんです。わーんって泣いている子どもの横で、僕も一緒にわーんって泣く。

吉田　ええ？　一緒に泣いてみるって、いったい何のために？

石川　**僕は人生でいちばん身につけるべきは感情のコントロールだと思っているんです。ネガティブ感情を抑えて、自由自在にポジティブ感情を発揮できるようになると「人生まあ大丈夫だ」って思える**はずなので。

吉田　父親である石川さんが隣で一緒に泣くと、子どもはどう反応するんですか？

石川　子どもって、真似をするじゃないですか。だから泣いた状態からいかにして元に戻るかっていうのを見せるんです。「わーん」って泣いている状態から、徐々に呼吸を落ち着けることで平静に戻っていく……ということをします。その光景を奥さんは非常に冷ややかに見ている。

吉田　まあ、そうなるでしょう（笑）。

石川　子どももけっこうびっくりするんですよ。「え、一緒に泣くの？」みたいな顔になるからおもしろい。でも、泣いた状態から元に戻すのを見せると、子どもは学ぶんだっていうことが僕も初めてわかった。逆にこっちがものすごく笑うと、向こうも笑ったりする。僕はそうやって、子どもから日々学んでいます。

不景気の本質は不機嫌である

吉田　僕は11歳の娘がいるんですけど、びっくりするくらいよくしゃべり、びっくりするくらいテンションの高い子に育ってしまったんですよ。幼児期はめちゃめちゃ慎重な子だったのに。

石川　それはきっとテンションの上げ方を親から学んだんですよ（笑）。

吉田　うん。あとここ10年ほど、うちで一度も起きていない状態が「深刻」です。親も子もだーれも深刻な顔をしたことがない。**だって深刻であることが何も解決しないとわかっているから。何かを変えるときに深刻さはいらない。**石川さんにとって感情コントロールが重要な要素だとするなら、僕にとって重要な柱となっているのは**アドラー心理学**ですね。アドラー心理学って、基本的に泣き叫んだりしないんです。泣き叫んでも何も変わらないから。社会を変えるときも、アジテーションや深刻なムードはいらないと僕は思う。

石川　なるほど、吉田さんは「ごきげん」であることを重視するんですね。

吉田　そう！　みんながごきげんであれば、それでいいと思うんですよ。僕らが就職活動をしていた90年代は超就職氷河期で、バブルからずーっと景気が落ちてきていて、それが大問題ってみんなが言ってたんです。だけど僕はそのときも「不景気って大問題かなあ？」と思っていて。もちろん問題なのはわかるけど、「別に街から商品がなくなったわけでもないし、突然停電が増えたわけでもない。生存に困ることがあるわけじゃない。問題の本質は何だろうって考えたら、「あ、これってみんなが不機嫌なのがよくないんだな」って思った。不景気の本質は不機嫌である、って気づいたんです。ゲームの難易度が上がりすぎちゃったというか、世の中の大多数にとってちょうどいいレベルだったのが上がっちゃった、みたいな。

石川　そういう研究が実際あるんですよ。みんなが元気だから経済がよくなるのか、経済がいいからみんなが元気になるのか、という。結果としては完全に気分のほうが最初だということがわかっています。まずは人が元気になる、そのあとで経済がついてくる。それを実践している国がアイスランドなんですね。首相をはじめ、みんなが「まず元気になろうぜ、景気はそのあとについてくるから！」って。それでうまくいってるみたいです。

吉田　わかるわかる、それで充分ですよね。逆にいえば、不景気でも元気さえあれば丸儲けだと思う。だから僕は**人生の最終目的は「ごきげん」なんですよ。科学的に「ごきげん」に導くにはどうしたらいいかがすごく知りたい。**

ポジティブ感情は生き延びるための知恵

石川　おっしゃることはわかりますが、**僕は科学者の立場として、ごきげんがマルで不機嫌がバツかというと、そうじゃないと思っているんですね。すべての感情には、いい悪いじゃなくて役割がある。**たとえば、不機嫌なときは物事を厳密に考えやすくなるんですよ。

吉田　確かに、ごきげんな人が漏れのないチェックをする気はしない（笑）。

石川　そうそう、ごきげんな人は漏れだらけですよ。そもそも人類に最初にあったのは、「これは危ないぞ」といった目先の危機を乗り越えるためのネガティブ感情なんです。その最たるものが「怒り」と「恐怖」。人は恐怖を感じると目先のリスクを過大評価し、めちゃくちゃ厳密に考え始めます。逆に怒りを感じると、楽観的になる。リスクを過小評価して強い敵が現れたとき、恐怖を感じると逃げるけれど、怒りを感じると立ち向かうんです。

怒りは楽観的な思考を生んで、恐怖はロジカルな思考を生む。

吉田　はー、なるほど！　じゃあプラスの感情は？

石川　「幸せ」は「怒り」とけっこう似ていて、両方とも楽観的な思考法ですね。ただ、時間軸が違っていて、ポジティブ感情のほうがより中長期的にはたらきます。

吉田　**ネガティブ感情だと目先で、ポジティブだと中長期的に物事を考えられる？**

石川　そう。人間は中長期的に生きのびるためにポジティブ感情を生み出したともいわれているんです。そう考えると、やっぱりすべての感情には意味があるし、特定の感情に偏るのはよくないな、と僕は思ってるんですよ。

「最近、恐怖感じてねーな」と思ったらゾンビ映画を

石川　だから、僕はよく「**感情の振り返り**」をするんです。ネガティブ感情、ポジティブ感情を紙に書き出していって、最近どれを感じたかなってチェックしていく。それでチェックがつかなかった感情をあえて体験しにいく。

吉田　まんべんなく感情を味わうってこと？　うわー、栄養士みたい！　でも、具体的にどうやって「感じにいく」んですか？

石川　たとえば昨年末に振り返りをしたとき、「最近、恐怖感じてねーな」と思ったんですね。それで『ウォーキング・デッド』というゾンビドラマを見ることにした。あれ、めっちゃ怖いんですよ。シャーって怖いゾンビ出てくるし、ゾンビ以上に生き残った人間が怖い。で、年末年始でぶるぶる震えながら観て、1月4日から仕事だったんですね。とはいえ、僕はまだ『ウォーキング・デッド』の世界にいたから「この人たち、いつ襲ってくるんだ？」っていう気持ちでいた。でも実際に打ち合わせが始まっても誰も襲ってこない。それどころか、みんなすげえいい人なんですよ（笑）。「あ、人間ってのは襲ってこないんだ。なんて素晴らしい世界なんだ！」と思ったときに、僕の脳がスパークしたんです。

吉田　え、どっちに？

石川　いい方向に。だから、その時のミーティングで僕のクリエイティビティはすごかったですよ（笑）。宣伝みたいになりますが、『仕事はうかつに始めるな』（プレジデント社）

という本の中でも書いたのですが、人間って急激なストレスがかかったあとに「ふっ」とリラックスすると脳が「ゾーン」と呼ばれる状態になって、すごくクリエイティブになるんですね。そういう意味でも、いろんな感情を感じるのは大事だなあ、と思っています。**感情と思考は結びついているので、いろんな感情を持ったほうが世の中をいろんな角度から眺めることにつながる**と思うんですね。

「怒り」は思考に何をもたらすか

吉田　うん。科学者としてクリエイティビティを発揮するためにさまざまな感情が必要である、という知見はその通りなんでしょうね。それは全然否定しません。ただ、**僕はやっぱり「怒らない人生のほうがいいじゃん」っていうスタンスですね。**僕がアドラー心理学を学んだ本には「ここ数年、怒っていない。アドラー心理学が身についているから怒ることがもうない」って書かれているんですよ。僕はやっぱりそっちのほう、怒らないし不機嫌じゃない状態が続くほうがいいと思うなあ。

石川　それは著者の方の中で、「怒る」という感情を敵視してるんじゃないですかね？　僕はすべての感情は否定しない立場なんです。もちろん不必要に怒る必要はないと思いますが。

吉田　あ、そういうことか。怒ることが必要な場面で、適切にその「怒り」というカードを切ることができればいい、ってことですよね。

石川　たぶんその著者の方も、「不必要に怒る」ことがなくなったんじゃないでしょうか。アドラー心理学にしろ座禅にしろ、感情を抑圧することだと誤解されがちですよね。でも、仏みたいにつねにシーンとした心ですべてを超越しました、みたいな域を目指すよりは、感情を自由自在にコントロールできるようになるほうが僕はゴールじゃないかなと思っています。

吉田　うーん……なんとなくわかるし納得するところもあるけれど、現状としては不必要な怒りや不機嫌が、世間にはすごく多いなと感じるんですね。そして僕自身はやっぱり怒りとか恐怖って感じた時点ですでにマイナスだと思っている。それはあまりいいことじゃない。全部ワクワクだけで回していきたい。

石川　**でも「怒り」は切羽詰まった状況を短期的に解決したいときはすごく重要ですよ。怒りや憤り、恐怖は、人の思考を進めて、おもしろい思考を生んでくれる。**

吉田　でも仏教の世界とかで、怒り狂っている禅僧って、まず見ないですよね？

石川　禅僧も、貴重な寺や仏像をぶっ壊されたら、さすがに怒るんじゃないでしょうか。

それは彼らにとって大切なものだから。怒りって自分が何を大切にしているのかを教えてくれる感情でもあるんです。だから怒らないときは、大切にしているものがない状態なのかもしれない。もしくは大切にしているものがたんに脅かされていない状態か。

吉田　うーん……全部わかる。でも、それでも僕は最終的にイノベーションが起きなくてもいいから「怒らない」人生のほうがいいなあって思いますね。

ハーバード発「感情のチェックリスト」

吉田　ところで、さっき話に出た「感情のチェックリスト」って、どんなものですか？

石川　これです(図A)。ネガティブとポジティブの感情が各6つずつ、計12あります。

吉田　これは何かの理論にもとづいての12個？　石川さんの独自開発？

石川　ハーバード大学に意思決定センターいうところがあるんですけど、そこで、感情と意思決定の研究をやっているんですね。そこではこういう分類がされているんです。この表は感情だけを抜き出してますけど、実際の表はそれぞれの感情に対して、どういうふうな思考パターンになりやすいのか、っていうリストなんです。

吉田　さっき石川さんが言っていた、恐怖を感じるとロジカルになりやすい、とか？

ネガティブ	怒り	イライラ	悲しみ	恥	罪	不安／恐怖
ポジティブ	幸せ	誇り	安心	感謝	希望	驚き

［図A］ハーバード大学の意思決定センターによる、感情の分類

石川　そうそう。罪の意識を感じると、相手に対して信頼しやすくなったり、協力しようとするとか、そういう対人関係における特徴がわかります。僕はこのチェックリストを定期的に見るんです。

吉田　へえ、おもしろいなあ。ある有名な作詞家の人が「たまにわざと嫌いな人に会いに行く。会ってみて『あ、やっぱり嫌いだな』と思って帰ってくる」と言っているのを聞いたことがある。それに近い気がしますね。

石川　それは自分の「嫌い」という感情と向き合っているんでしょうね。嫌いの正体を探っている。このチェックリスト、実際にやってみるとけっこうおもしろいんです。**自分が特定の感情に偏りがちなことがわかる**ので。たとえば「恥」なんて感情は、僕は最近ほとんど感じてないですね。ズボンのチャックが開いていても、あまり恥ずかしいとは思わないです。

吉田　わ、そこはまるっきり同感ですね！

石川　「開いてたなー」くらいのもんですよね。

「希望」は絶望を経験しないと生まれない

吉田　あれ、この表に「希望」ってあるけど、あれって感情なんですか？

石川　**「希望」はポジティブ感情の中でも際立っておもしろいんですよ。絶望を経験した人じゃないと感じられないい**ものだから。

吉田　そうか、はじめから希望に満ちあふれている人はいないんだ！

石川　絶望を経てからのトランポリンで「希望」が生まれるんです。

吉田　へえ！　これ相当おもしろいリストですよね。「喜怒哀楽」が正しいかどうか、疑ったこともなかったですよ。

石川　昔はこの表もポジティブとネガティブしかなくて、もっと大雑把だったんですよ。それを細かく分類していった。科学は基本的に分類することですから。でも、メンデレーエフがつくった元素の周期表みたいな、**「感情の周期表」**はまだできてないんですよ。

吉田　「感情の周期表」！

石川　いつかはそれをつくらなきゃいけないんですけどね。元素の周期表だって、古代ギリシャの土・火・水・空気の４つくらいからスタートして、千数百年経ってようやくあの分類になった。だから感情の周期表ができたら、元素の周期表ができたのとたぶん同じことが起きますよ。つまり「こういう感情があるはず」という、今まで人類の誰も経験していなかった感情が予測できるはずなんです。

吉田　人類の経験していなかった感情かぁ。……それって、脳の活動領域と関係しているんですかね？　感情の周期表に根拠を求めるとすると、脳の電気反応パターンじゃないかなって気もしますけどね。

石川　感情は脳が感じていることなので、そうかもしれません。一方で、認識・解釈の問題もあると思うんです。同じようにストレスを感じても、イライラする原因だと思う人もいれば、そのことに感謝する人もいる。たとえば闘病中の痛みにイライラするのか、「痛いということは生きていることだ」と感謝するのか、という解釈の違いが存在するんです。

吉田　いいことが起きて素直に感謝する人もいれば、「こんなにいいことが続くわけがない」と不安になる人もいる。解釈も電気反応なのかなー？　ところで、この感情のチェックリストも現時点では未完成なんですよね？

石川　はい。この表は必ずしも完全ではないんです。たとえばこの中にはないけれど「楽しい」ってポジティブ感情がありますよね。でも「楽しい」とは何かということが、科学ではまだはっきりしていないんです。英語だとenjoymentだけど、「楽しいは幸せと必ず結びつく組み合わせなのかな？」ということも研究段階なので。

吉田　ああ、それはわかる気がします。**僕は「楽しんで」っていう言い方が嫌いなんです。**「楽しんで」でラジオのコーナーを締める人がいますけど、**「楽しい」って結果ですからね。それを自分が楽しませないで相手に結果を要求するのはどうかなー**と思ってたんですが、幸せとつながってるかどうかもわからないのに、無責任！と思ってたのかも。

習慣化がうまい人は、感情コントロールがうまい

石川　もう一つ、僕がやっている研究に「習慣化」があります。**物事を始めるときの感情は、「希望（hope）」か「恐怖（fear）」のどちらか**だと言われています。でも、この２つだけだと続きにくい。**継続のための感情はハッピーとかエンジョイとか、また違うもの**になるんです。そして**最終的に習慣になると、もう何も感じない状態になります。**

吉田　無？　感情が動かないってこと？

石川　歯磨きしているとき、感情なんて動かないじゃないですか？　習慣化って、あそこまでいかないとダメなんです。そこまでいけば無意識での習慣化になる。だから**何かを習慣化するのがうまい人は、感情のコントロールがうまい人**なんです。

吉田　「希望」か「恐怖」から始まって、継続するには「幸せ」や「楽しい」が必要になるんだ。「恐怖」以外はポジティブ感情ですね。

石川　でも「希望」は絶望を経て生まれる感情ですから。

吉田　あ、そうか。じゃあネガティブからしか物事は始まらないともいえるのか？　ともあれ、感情チェックリストを振り返る習慣がつけば、自分の感情をモニタリングする力が身につくってことですよね。それこそが感情をコントロールできるようになるための最初の一歩なのかもしれませんね。

クリエイティブにはポジティブ、戦略練るならネガティブ

吉田　僕、仕事で毎週つねに2、3個はトラブルをかかえているんですよ。でもね、トラブルが起きた瞬間に、ちょっとワクワクするんです。

石川　それは予測不能性を楽しんでいるんでしょうね。たぶん「乗り越えられる」という自信があるからなんですよ。きっと何とかなるし、なんなら何とかならんでもいい、くらいの自信が今の吉田さんにはあるんだと思います。

吉田　うん。**死んじゃう以外は負けではないだろう、と思っていますね。**

石川　それこそ感情コントロールの問題だと思いますよ。感情って自然とわいてくるものだから、それを違う感情に変換するのって実は相当高度なんですよ。吉田さんはおそらく、それを無意識にできているんだと思います。昔はきっと「やっべ！　どうしよう？」って不安だった時期もあったと思いますが。

吉田　今は「やっべ、どうしよう、笑っちゃう！」になりましたね。感情はコントロールできないけれど、行動はコントロールできるって確信があるからかな。

石川　僕、学生時代にラクロスをやっていたんですよ。でもなかなかレギュラーになれなかった。自分ではそこそこプレイできていると思っていたので、レギュラーになれないことがずっと不思議だったんですが、あるとき先輩から言われたんですよ。「おまえさ、自分はダメだなって本気で思ってないでしょう？　人は自分ってダメだなと本気で思えたときに初めて成長するんだよ」って。

吉田　それで、どうしたんですか？

石川　「確かに！」と納得したので、じゃあ徹底的に落ち込んでみようと思ったんです。それでまず階段に座って、下を向きました。

吉田　それって、たんなる落ち込みのポーズですよね？

石川　ポーズです（笑）。でも型から入ってみると、本当に落ち込んだ気持ちになってきて、自分のプレイのどこがダメかが見えてくるんですよ。思考と感情はつながっているから。**人は下を向くとネガティブになるし、上を見ているとポジティブになるんです。**さっきも言いましたが、ネガティブ思考は人を非常に論理的にするんですね。だから最近はネガティブな人というのは戦略性が高い人だ、ともいわれています。たとえばうつ病の人も、一つのことを24時間考えていられる人ともいえるんです。

吉田　ああ、そうともとらえられますね。じゃあ逆にポジティブな人は？

石川　ポジティブなときは、高い視点で考えるから、いろんなものがつながって見える。**クリエイティブなことを考えるにはポジティブなほうがよくて、厳密に考えるときはネガティブなほうがいい。**「部活でレギュラーになれない理由」について考えるときは、楽観的ではなく、ネガティブに思考したほうがより厳密に考えられるようになりますね。科学者という職業においては、どちらの要素も必要です。自分の感情を自由自在にポジティブとネガティブに振れるか。これはけっこう重要なスキルなんですね。

「問い」はハイテンションで生み出す

吉田　へぇえ！　じゃあ多くの科学者は自由自在に感情を振れるんですか？　世間一般の

イメージだと、科学者＝冷静沈着みたいな印象ですけど。

石川　それはたぶん、世間にはそういう一面しか見えていないからですよ。実際は喜怒哀楽が激しくないと科学者はやってられないです。偉大な科学者たちがどうやってアイデアを発見するのか、どういうふうに研究の種を見つけ出すのか、というところを見ると、まったく冷静沈着なんかじゃないです。科学者って簡単にいうと、問いを考えて、解いていく仕事なんですね。解くときは理性、つまりネガティブ感情が求められる。でも問いを考えるときは、むしろ理性が邪魔になる。細かいところが気になり出すと、大きい視点を忘れがちになるので。だから問いをつくるときは、常識や理性を取り払って「うふふ～あはは～」みたいな状態にならないと考えられません（笑）。

吉田　そうか、問いを生み出す瞬間はテンションが高いんだ。

石川　大きな研究課題は常識の中に眠っていることが多いんです。人類が何千年、何万年も**「ま、そうだよね」と流してきたものの中にこそ、本質的な問いが潜んでいることが多い。**みんながすっと流してきたものに躓《つまず》けるか、という能力が科学者には必要なんですよ。言い換えれば、みんなが流しているものにいちいち躓ける人は科学者の素質があるということです。

ハーバードのエリートだって勉強中は眠くなる

吉田　科学者には問いを生み出す能力が必要だというのは想像できたんですが、そのために感情をネガティブとポジティブに振る技術が必要なんですね。一般の人でも、感情を自在にコントロールできる能力を身につけることは、幸せに生きるための鍵になるんじゃないかな。石川さんはどうやって感情のコントロールを身につけました？

石川　単純に、訓練です。具体的には、日常生活の中で問いをつくってみる。問いをつくるって実は難しいんですよ。なぜなら問いを発生させるためには、まず自分の心が動かなきゃいけないから。

吉田　うん。すごくわかります。そうか、学校教育の場合だと、問いはすでに設定されているもので、答えを探す作業がメインですからね。だから授業とかテストってだいたいネガティブなんだ！

石川　そう。**学校教育はおもに、すでにある問いに回答する力を鍛えるものなんです。だからほとんどの人は、問いを設定するスキルを学ばないまま大人になる。**でも僕がハーバードで最初に学んだのは、喜怒哀楽の感情をいかに振るかのトレーニングだった。まず自分の感情を自在に振るスキルを身につけさせられたんです。そうしないと眠くなる。研究や勉強って基本的に理性を使う作業ですが、理性だけを使っているとすぐ眠くなるんですよ。

吉田　ハーバードの人たちも勉強してて眠くなったりするんだ！

石川　数式の展開とかしてたら1秒で眠くなりますよ。理性を使って物事に取り組んでいる限りは、疲れちゃうし、飽きます。でもゲーム感覚で取り組めば、感情や感覚が動くので、いつまででもできる。だからこそ日常の中で問いを立てる訓練を積んで、ふだんから感情が振れやすくなるようにしておく。数式も理屈として式展開を理解するのではなく、感覚としてとらえる訓練をするんです。たとえば、教科書開く前に自分のワクワクを高める訓練をするとか。

吉田　天文学の勉強をするときは「わ、太陽ってどうしてこんなに明るいんだろう⁉」というワクワク感から始めるとか？

石川　そうそう。教科書開いてすぐさま勉強するなんて、一切練習せず試合にのぞむようなものですよ。

吉田　じゃあ、勉強でも「前説」ってすごく重要なんだ！

石川　前説、めちゃくちゃ重要ですよ。僕は**教科書を開く前の段階で、勉強の9割は終わ**

っていると思います（笑）。

吉田　仕事もまったく同じですよね。僕はアナウンサーという仕事柄、毎日のようにインタビューをやっていますけど、漫然とインタビューに行くだけじゃおもしろいインタビューはできないんですよ。でも「この人に何を聞くか」と明確に決めてから行って、つまんなかった試しはほぼないですからね。

石川　そういう作業を積み重ねていくと、自分という人間は何をおもしろいと思っているんだろう、ということを考えずにはいられなくなるんです。「自分にとってのおもしろさとは何か」を理解していないと、いろんなこと勉強しても飽きてしまう。何をおもしろく感じて、何に対して怒りを感じるのかは、みんなそれぞれに違う。僕のように「おもしろい」で進める人もいれば、「怒り」を原動力にしてどこまでも突き進める人もいるし、「猜疑心」が行動のモチベーションになる人もいる。だから**自分を本当に動かしてくれる感情は何なのか、それを理解しておくことは絶対に人生の役に立つはずです。**

嫉妬しない人の共通点

吉田　じゃあ、自分を突き動かすモチベーションとなる感情って、後天的に、意志で選べたりするんですか？

石川　訓練次第でできるかもしれませんね。ただ大人になるまでの過程で、なんとなくその人なりのパターンができあがっていくような気もします。

吉田　ちょっと話がそれるかもしれないけど、僕、自分はとてもラッキーだとつねづね思っていることの一つに、「嫉妬しない」ってことがあるんですよ。嫉妬という感情を正直理解できない。

石川　それは自分の中に明確な基準があるからじゃないでしょうか。**人と比べると際限がないけれど、自分の中に基準があれば、嫉妬心はわかない**んです。

吉田　ああ、そうかも。自分がおもしろいと思ったものは、誰になんと言われようと、そのおもしろさが揺るがないですね。

石川　吉田さんと対照的に、「わかってもらえない」「寂しい」といった想いを原動力としているクリエイターもいるみたいですね。まずそれらが根本の感情としてあって、自分と他人とのギャップをすごく気にするという。

吉田　僕の知っているミュージシャンは「怒り」、つまり変革欲求が曲をつくる動機だって言っていましたね。どの感情が原動力になるかは、もう「ゲームスタート時にそういうカードが配られたよ」って感じなんでしょうか？

石川　うーん、詳しくはわかっていないのですが、その人がポジティブ感情やネガティブ感情のどちらを感じやすいのかは、遺伝でかなり決まっているといわれています。

吉田　マジすか！　じゃあ今の時代、あらかじめ遺伝子診断とかである程度わかるってことですよね？

石川　遺伝子診断しなくても、遺伝なので家族を見たらだいたいわかりますよ。人っていろいろですけど、だいたいごきげんな人と、不機嫌な人がいるじゃないですか。で、ごきげんな人は、家族もだいたいごきげんってことになります。

吉田　はー！　まさに「親の顔が見たくなる」ってやつですね。でも「不機嫌」な親を持っていても、必ずしも同じになるわけじゃないですよね。あとから「ごきげん」になれる人もいますよね？

石川　もちろん。遺伝で決まる割合は半分ぐらいといわれてます。

トップパフォーマーは「自分を突き動かす感情」を知っている

吉田　じゃあ、残りはどんな要因で決まるんですか？

石川　遺伝子が約50％とすると、10％ぐらいが受けてきた教育や環境、残りの40％はもうその人自身の考え方次第だといわれています。その40％の部分は、いろんな要因が複雑に絡まり合って決まるんですね。

吉田　じゃあその40％の部分は、努力次第でなんとかなるということ？

石川　そうです。「あのときなんでイライラしたんだろう」「なんで攻撃的になっちゃったんだろう」というふうに、自分の感情や思考を分析する作業を繰り返しやってみることで、自分の性質や傾向などに関する知識は増えていく。そういう感情のデータをずっとためて分析していけば、自分を突き動かす感情、合った感情が必ず発見できる。

吉田　**どういう感情が自分を動かすのかは、人によって全然違ってくる**んですね。

石川　**あらゆる分野のトップパフォーマーと呼ばれる人たちは、おそらくその自分を動かす感情を見つけられた人たち**だと思います。ただ高い目標を持つだけでは、トップパフォーマーにはなれない。それは20世紀の心理学の研究でわかったことです。

吉田　高い目標、プラス必要になるのが「自分がどういう特徴を持った人間なのか」を知ることなんですね。

石川　そうです。もう少し厳密に言うならば、自分はどういう感情のときならずっとがんばりきれるのかを把握できる人だということでしょうね。

吉田　「怒り」でがんばりきれる人もいれば、そうじゃない人もいるってことか。そこは経験を積み重ねていって、やっぱり自分で見つけるしかないんでしょうね。

第3章

これから生き抜くために、何を勉強したらいい？

数学って人生の何の役に立つんでしょう?

石川　勉強＝「イヤイヤやるもの」「やらなくちゃいけないもの」というイメージを持っている人って多いですよね。でも多くの子どもは、最初のうちはみんな勉強が好きですよね。でも感覚として、小3以降からだんだん、勉強が変わってくる。不思議な気持ちや好奇心をかきたてるものから、理屈を積み重ねる作業に入ってくるんです。そこを基点に、勉強の好き嫌いがどわーっと分かれ始める。とくに算数、数学はそう。$\frac{1}{3}+\frac{1}{2}$がどうなるかなんて、理屈の話じゃないですか。だからそこからは、理屈を積み重ねるのが得意な人と苦手な人で分かれるんです。

吉田　分数くらいならまだ日常生活で役立ちそうじゃないですか?　でもこれが微分・積分とかになると、そうそう役に立つことはない。それでも数学って必要ですかね?　将来的にうっすらとでもその手触りが必要になったりする?

石川　微分・積分は、スポーツでいうスクワットみたいなものです。足の筋肉を鍛えておけば、だいたいのスポーツで対応できるようになりますよね。それと同じで、物理にしろ、経済にしろ、医学にしろ、どの学問をやるにしても応用がきくという考えもできますね。

吉田　「将来的にどのスポーツを選ぶかわからないけど、とりあえず身につけておくべき基礎体力」って感じなのかな。今振り返ってみると、義務教育の勉強って、どの道に進んでもそこそこ役立つようなパッケージになってますよね。僕がそれに気づいたのは30歳を過ぎてからでしたけど。

神童はなぜ中学生になると「潰れる」のか

石川　これも感覚的な話ですが、進学校に通ってた友達に話を聞くと、おもしろいですね。たとえば、小学校のときに神童と呼ばれるような、「日能研でトップを取り続けてきました」みたいな子は、中学以降で潰れることも多いみたいです。

吉田　潰れる？

石川　推測なんですけど、**人が成長するってときは、「積み上げていくことによる成長」と、「ゆらぎからの学び」の両方がある**と思うんですね。小学校で受験に通るためにめちゃくちゃ積み上げている子たちってのは、山にたとえると細長い山みたいで、富士山みたいな裾野の広さがない。でも中学校以降も勉強しようと思えるには、広い裾野というか、大きな土台が必要になってくるんですよ。そのためには、小学生のときから「ゆらぎ」をもたせて、勉強しておく必要がある。「ゆらぎ」は「余白」といってもいいかもしれない。

吉田　うんうん、わかります。

石川　だから小学校では全力で受験勉強するよりも、余白を持ちながら別のことをやってた子が中高で伸びたりする。でも中高と大学ではまた違って、中高で成績がよかった人は大学以降に潰れることもある。もっといえば、大学でうまくいっても社会でうまくいくとは限らない。**「ゆらぎ」やコンプレックスみたいなのを持ち続けている人のほうが、長い目で人生を見たら活躍できているという現象もあります。**そういう意味で、人生っていうのは、遅かれ早かれどこかで1回は輝けるようにできているんですかね。そして輝けるタイミングが遅ければ遅いほど、活躍が長く続くんじゃないのかなって、僕はなんとなく感じています。そういう意味で進学校のすごくいいところは「めちゃくちゃできる人」たちがいるということ。「こいつにはもうどうやっても勝てない」ってわかると、みんなそうじゃない方向性で自分の道を見つけようとする。だから多様性の花が開くんです。

吉田　うん、僕自身もすごくよくわかります。

石川　たとえば僕は、高校から進学校に行ったんですが、ビックリしましたね。それまで

「数学はできるほう」だと思ってたのに、もうまったく歯が立たないどころか、勝負の土俵が違いすぎるくらいできる同級生や下級生が多くて、早々と数学から逃げたクチです（笑）。でも数学って、学問の根幹なんですね。だから10代のときに数学から逃げずに向き合っていたら、自分はどうなっていただろうって、今でも思いますね。

圧倒的な天才と並んでやきそばを食べる経験

吉田　僕が通っていた中高一貫校も、トップ50の人とかは現役で東大入って、留学して宇宙物理学者になったりしているわけですよ。で、僕は３００人中２００番目くらいで、一浪して慶應に入るっていう、成績グラフでいえば山の後ろ側にいっぱいいるタイプ。でもそういうトップの人たちと一緒に食堂で並んで焼きそば食ってたし、そいつが裕木奈江を好きだとか、どうでもいいことも知ってたわけですよ（笑）。つまり自分のいる場所の地続きに、そういうトップエリートがいるっていう実感を持てた。今思えば、そのことがとても大事だった気がする。

石川　ある意味、強烈な「負け」の感覚を持てるってことですか？

吉田　むしろそういう天才が地続きにいると、この世界に地続きじゃないところなんかないって思えるようになるわけですよ。僕はどっちかいうと負けず嫌いで、勝負事はすげえ一生懸命やるタイプですけど、でも、**とんでもないレベルの天才に負ける経験をして、もう勝ち負けとかそういうことがすべてではないなって感覚も身につきましたね。**

石川　それはたぶん、吉田さんが今までの人生で修業を重ねてこられたからこその自信だと思います。**自分が苦手なことにチャレンジして克服してきた人っていうのは、やっぱり本物の自信を持つし、深い満足を得られるんですよ。**

吉田　裏を返せば、得意なことだけやってきた人は本当の意味での自信を持ち得ない？

石川　持ち得ないと思います。**「得意」と「好き」だけでやっていくと、ある程度は成長するんですよ。でも壁にぶちあたったときに、そこからどう成長していいかわからなくなる。**それまでが本能的にやってきたことばかりだと、どう努力をすればいいかわからないから、限界の壁を突破できないんです。壁を突破するためには、苦手なことにチャレンジしてきた経験がないと難しい。吉田さんは『なぜ、この人と話をすると楽になるのか』（太田出版）で詳しく書いていましたけど、コミュ障の自分に向き合って克服した経験があるじゃないですか。そういう経験を持っている人は、たとえ失敗してダメになっても「またできるや」ってどこかで思えるようになるんですよ。努力の術、修業する術が身についているんだと思います。

偉大な発見はいつも「普通」を問うことから

吉田　さっき小3から勉強がおもしろくなくなるという話が出ましたけど、僕は「学ぶ」ことのモチベーションを保ち続けるためには、2つ必要なことがあると思っています。それは「常識を外れること」と「好奇心を持ち続けること」。でも大人になるにつれて、どちらも失われていってしまうことが多い。

石川　「好奇心がどこから生まれるのか」は、僕が追いかけ続けているテーマの一つなんですけど、**好奇心がある限りは「学び」のモチベーションはずっと続くんですよ。一方で、好奇心が生まれるのをいちばん邪魔しているのは僕らの理性。**理性が先にくると、普通のものを見て「普通だな」と思うようになってしまう。そうすると当然、好奇心は生まれなくなります。

吉田　たとえば今、僕らの目の前にペンがありますけど、これを見ても何も感じなくなるってことですよね。「ペンって、どうやってできてるんだろう?」「インクの歴史って?」とか、そういう疑問がわかなくなるってこと?

石川　そうそう、「ペンって、どんな味がするんだろう」とか。

吉田　おお、それは考えつかなかった！

石川　ペンという当たり前の存在を、改めて不思議に思うことで興味って生まれてきますよね。ニュートンだってリンゴが木から落ちるのを見て「不思議じゃね？」って思ったんです。人類はずっとリンゴが木から落ちるのを見ていたはずなのに、それを彼は「不思議」だと思って、そこから万有引力の法則が生まれた。偉大な発見はいつも「普通」を問い直すところから生まれるんです。

お笑い芸人はなぜ事業で成功しやすいのか？

石川　つまり、好奇心を生むためにいちばん大事なのは、「ホワイ」（Why）ではなく、「ワンダー」（Wonder）なんです。普通のことを、いかに「不思議だ」「ワンダーだ」と思えるか。

吉田　でも学校教育では「ワンダーをどう持つか」っていうのは習わないですよね？

石川　僕は「お笑い」の授業をやるといいと思うんです。お笑い芸人の人たちって、芸人として大成しなくても、社会に出たらメチャクチャ成功する人が多い。

吉田　そういえば！　確かにそうですね。

石川　成功しやすいっていうのはつまり、今の社会を生き抜くうえで重要な能力が漫才やコントの過程で培われているんだと思います。たとえばお笑いって、つかんで、ボケて、つっこむじゃないですか？　つかみは興味を惹くこと、で、ボケは……。

吉田　ボケは、言うなれば荒唐無稽な仮説ということ？

石川　そうそう。ある人気テレビ番組のプロデューサーに、「芸人さんはどうやってお客さんの興味をつかむのか？」って聞いたことがあるんですよ。そうしたら「まず普通をつくることだ」と。「この人はおもしろい人だ」といった先入観で見られると、観客の心をつかみにくくなる。だからまず、普通のことを言って、普通の状況をつくる必要があるので、それが「つかみ」の本質なんだと。そういう普通の状況の中で、ボケという全然違う視点がくるから、そのギャップに人はおもしろさを感じるみたいです。そういう意味でいうと、人を驚かせたければ、まず世の中で何が普通なんだろうかを感じて疑う……ということをずっと考えると、ワンダーを見つける力が自然に身についてくる。僕らが学校で教わるのは5W1Hですが、実は**好奇心を生むためにもっとも大切なのは5W1Hじゃなくて、ワンダー、普通のことを不思議だと思うセンス**なんです。

ディテールを突き詰めていくと、すごい発見につながる

石川　よく「自分の頭で考えろ」「ちゃんと考えろ」とか言いますけど、「考える」とは何かについて、僕ら科学者はこう教わります。

【1】ディテールを突き詰める
【2】ビッグピクチャーを把握する

吉田　ビッグピクチャーは第1章（31ページ）でも出てきましたね。それぞれ、もうちょっと具体的に教えてください。

石川　まず「ディテールを突き詰める」からお話ししましょうか。ある特定の事柄をすごく深く掘っていくと、まわりからはニッチを突き詰めているように見えても、あるときとんでもない世界がひらけることがあるんです。たとえば今から100年くらい前に日本の音韻の研究をしていた橋本進吉という言語学者がいて、「奈良時代は母音が8音あった」という発見をしたんですね。なぜそれがわかったかというと、万葉仮名を見ていて、漢字

とひらがなを対応させていくと母音が8音じゃないとおかしいってわかったんです。

吉田 日本語の母音って「あ・い・う・え・お」の5音ですよね。それが奈良時代には8音あった？

石川 はい。それで橋本先生は、本居宣長の弟子が江戸時代すでに母音が8つあったことを発見していたと気づくんです。だから「再発見」だったんですね。でも普通はその話を聞いても「……で？」って思うじゃないですか。昔は母音が8音あった、今は5音だ、それがどうかしたのか、って。でもそこから何ができるかっていうと、文章の書かれ方によって昔の文献の年代が特定できるようになるんですよ。つまり母音の数で、昔の文献がいつ書かれたのかがわかるようになる。その技術は、たとえば地震の研究にも使えるんですよ。

吉田 ……あー!! そんなところにもつなげられるんだ！

石川 そう、地震の記録が書かれている書物がいつの時代に書かれたかがわかれば、マグニチュードどれくらいの地震がどこでいつ頃あったのかっていうことがわかる。地震は過去のデータをもとに予測できることがたくさんあるので。そしてこんなにも書物が残っている地震大国は日本以外にそうない。

吉田 それはすごい話ですね！ だってその音韻の研究していた先生は、地震予知の目的

のために、研究を始めたわけじゃ絶対ないですもんね⁉

石川　そうなんです。だから**ディテールを突き詰めていった結果、思わぬところで予想外のイノベーションが起きることがある。**数学のジャンルでいうと、その最たる例が「数学の女王」と呼ばれる素数です。

吉田　ああ、理系の人って「好きな素数がある」とかいいますよね。

石川　素数は2千年間、「何の役にも経たないんですけど、おもしろいね」って研究されてきた分野なんですよ。「何に使えるの？」「いや女王ですから！」みたいなノリで（笑）。でもある日突然、素数が暗号の技術に使えることがわかったんです。

吉田　なるほどー！

石川　本当、突然なんですよ。でもあらゆる数学者たちが2千年かけて考え尽くしてきた、つまりディテールを突き詰めてきたおかげで、ありとあらゆるところから検証されても盤石なんです。理屈としては、素数同士のでっかい掛け算だと、素因数分解が難しいことを利用して暗号技術がつくられています。

吉田　2千年もの時間をかけてようやく、価値がわかることもあるんですね。

「理解」には5つの段階がある

吉田　でも、そもそもの話ですけど、**僕らはいったいなぜ「考える」んでしょう?**

石川　僕は「**考える」っていうのは手段であって、目的は「理解すること」だと思うんです。じゃあ理解とは何か? って考えると、5段階あるなと。①分類、②予測、③検証、④因果、⑤創造、の5段階です。**

吉田　創造ってのが気になりますね。くわしく教えてください。

石川　まず一つが「①分類」。分類すると、人って理解した気になるんです。

吉田　「男とはこうである」「女とは～だ」とかですね。

石川　そうそう。で、もうちょっといくと「②予測」。

吉田　「あの人はA型だからああいうことをするだろう」とか。

石川　そう。でも分類も予測も机上の空論なので、次は「③検証」が必要になるわけですね。「本当にそうなのか?」「O型は本当に大雑把なのか?」と。で、分類、予測、検証までいくと、人はだいたい理解した気になるんですね。世の大人が「理解」と呼んでるものはだいたいこれのどれかじゃないですかね。分類しているか、予測しているか、検証しているか。

吉田　じゃあ科学者はその先にいくんですね？

石川　そうです。その先にある一つが「④因果」。メカニズムを知りたいんです。これが4つめ。そして「理解」の最終形態があるなら「⑤創造」だと僕は思っています。人はいつ生命を理解したといえるのか、という問いに対して、「生命をつくりだしたときだろう」って言われてるんですね。科学者は生命を細かく分類して、そのメカニズム（因果）がどうなっているのかを知ろうとする。けれども、ＤＮＡのメカニズムがわかっても、ＤＮＡそのものをつくることができないなら、それは真の理解ではない。創造できるようになって初めて「理解できた」といえるのではないだろうか、と。ヒット作を理解する、流行を理解するっていうのも同じことで、自分でつくり出して初めて理解できたといえると思います。

大統領に妻のファッションチェックをさせてはいけない理由

吉田　では話題を変えて、**意思決定がすごく疲れるのはなぜですか？**

石川　そこは実はまだよくわかってないんです。ただ、**意思決定の総量が限られているっ**

てことは、なんとなくわかってきています。

吉田　何をもって意思決定とするのかも、たぶん人によって違いますよね？

石川　違いますね。たとえば「月曜はこの服」って決めている人は意思決定を使わない。でも朝になって「今日何を着ようか？」って考える人は、意思決定を使っている。要はルール化、ルーティン化、ルーティンから外れることが意思決定なんです。

吉田　ルーティンから外れたことが意思決定。その意思決定の総量を増やすことはできないんですか？

石川　一応、増やすことができるともいわれてますけど、そもそも意思決定の回数が多い人はムダな意思決定はなるべくしない、って方向になるんですね。

吉田　たとえば企業を経営している人は、普段の生活ではなるべく無駄な意思決定をしないようにしたり？

石川　オバマ前大統領でこんな話があるんです。彼がタバコをやめるって言い出したときに、まわりはやめなくていいと止めた。それはタバコをやめることで「吸いたい、でもやめなきゃ」となる状態が意思決定をすごく使ってしまうから。本当に大事なことのみに意思決定を使えるように、タバコをやめなくてもいい、と。

吉田　大統領の意思決定は国にとって重要なリソースだから、それをムダに使うな、ってことなんだ。

石川　家庭のいざこざにも一切関わらせないそうです。奥さんが「こっちのイヤリングとこっちのイヤリング、どっちがいいと思う？」と聞くだけでも、外で仕事をするときの意思決定を鈍らせることになるから。

吉田　奥さんには悪いですけど、イヤリングより国際情勢のほうが大切ですからね（笑）。

学問とは2千年間続く「壮大なコミケ」

石川　意思決定といえば、車の運転も昔は意思決定の回数がすごく多かったんですよ。でもカーナビのおかげで目的地を設定したら、あとは数あるルートの組み合わせをナビが教えてくれるのでそれに従っていればいい。だからカーナビが登場したことで新しいところに行くときの人類の意思決定の回数はすごく減ってますよね。

吉田　それこそコンピュータと人間の連合ですね。組み合わせを考えるときにもコンピュータがなかったら、そこに意思決定をすごい使っていたわけだから。

石川　だからカーナビは、人間の意思決定の回数を減らしてくれた、素晴らしいテクノロジーといえます。

吉田　今までは、テクノロジーが発展すると人間の意思決定の回数は増えていた？

石川　増える方向でしたね。最たるものがインターネット。見始めると一生終わらないじゃないですか。数ある選択肢から記事を選んで、そこに飛んでいくとまた別のリンクがある。

吉田　ここで見るのをやめようか、さらに見るか、と悩むこと自体も意思決定ですもんね。

石川　だからネットニュースを見るとすごく疲れるんですね。ネットニュースは意思決定を吸い取るマシンです。

吉田　……石川さんと話していると、科学というか、学問を突き詰めていく科学者の人たちって、おもしろそうなことをしているんだろうなって感じますね。その研究が成功するか失敗するかは別問題として、たぶんすごく楽しいんじゃないかな。

石川　そうですか？（笑）　たぶん僕ら科学者がやっていることは、コミケに近いと思います。知、知性、知識っていうものは、いわば「興味を持っているコミュニティ」なんですよ。科学者にとっては、人類の知というものにいかに貢献できるかが喜びになる。つまり**学問は、２千年以上続いている壮大なコミケなんですよ。**当然、超おもしろいですよ。だから全然お金にならなくても僕たちはやるんです。

科学は直感を覆すための方法論である

吉田　なるほど。学ぶこと、そこから考えることは、人類の知に貢献する喜びなんですね。数ある学問の中でも、科学ならではのスタンスってありますか？

石川　人って自分が直接感じたことを真実と思いやすいんですよ。たとえば、ある食品を食べたらガンが消えたとか。そんなことがあると、それは「真実」として認識しやすい。でも**科学は、そのような人間の直感を覆すための方法論なんです。つまり、自分が思ったり感じたりしたことを乗り越えるための手法が科学なんです。**

吉田　直感を覆したほうがいいことがある？

石川　いいことかどうかは別として、より真実には近づくと思います。僕は『ジョジョの奇妙な冒険』というマンガが大好きなんですけど、Part5に「『結果』だけを求めているると人は近道をしたがるものだ」「近道した時　真実を見失うかもしれない」「大切なのは『真実に向かおうとする意志』だと思っている　向かおうとする意志さえあれば（中略）いつかはたどり着くだろう？」（『ジョジョの奇妙な冒険』59巻／荒木飛呂彦／集英社）というシーンがあるんですが、これこそがまさに科学だと思う。真実に向かう姿勢、真実に向かうための方法論が科学なんです。

吉田　でも、**真実に向かうための方法論は科学以外にもありますか？**

石川　**科学、それから宗教もそうですね。**科学はＨＯＷとＷＨＡＴ、「いかにして」「何がどうなっているのか」を問うけれど、宗教はＷＨＹとＷＨＯの学問なんですよ。「なぜ」「誰」を問うのが宗教。

吉田　もうちょっと具体的にお願いします。

石川　たとえば「なぜ宇宙が誕生したのだろう」っていうのは宗教的な問いの立て方なんです。それはつきつめると「神様です」が答えになる。つまりＷＨＯですよね、それが宗教。でも、「いかにして宇宙は誕生したのか」は科学的な問いです。僕ら研究者はなるべくＷＨＹとかＷＨＯで考えないようにしている、ＨＯＷとＷＨＡＴを考えるんですね。ちなみに「なぜ」という問いは、相手の視野をすごく狭くする問いかけなんですよ。相手を理性的にさせてしまうので。

吉田　わかる。それはラジオでもすごくいえるんですよ。僕がパーソナリティをつとめる番組にはほぼ毎日ミュージシャンが来ますけど、「なぜこの曲をつくったんですか？」（＝ＷＨＹ）という質問は具体的な話が聞ける可能性が低くて、あまりよくない。「この曲はどこでつくったんですか？」「楽器は何ですか？」（＝ＨＯＷ・ＷＨＡＴ）という具体的な問いかけをすると、話が進みやすくなるし、楽しい。

石川　それはおもしろいですね。でも人はＷＨＹが気になる生き物ですよね。たとえば、エベレストを単独無酸素で登ろうと、前代未聞のチャレンジをしている栗城史多くんという友人がいます。すると人は当然、「なんで？」と思うわけです。でも、本人と話していると、理屈としてはそれに対して理由を言えるけど、でも本当に彼が聞いてほしいのはＨＯＷなんですよね。「栗城さんはどういうルートでエベレスト登頂にチャレンジするんですか？」という。人はＷＨＹ、つまり理由を聞くことでその人のことを理解しようとするけれども、でも何かをやっている人って、特に理由なくやってたりしますからね。それよりは、ＨＯＷ、つまりどうやってそれをやっているのかを聞いたほうが、よっぽどその人のことがわかりますよね。

吉田　そうそう。なぜ山に登るのかという「大きな決断」を聞くよりも、どうやって山に登るのかという「小さな決断」のほうが人となりがよく表れるんですよね。

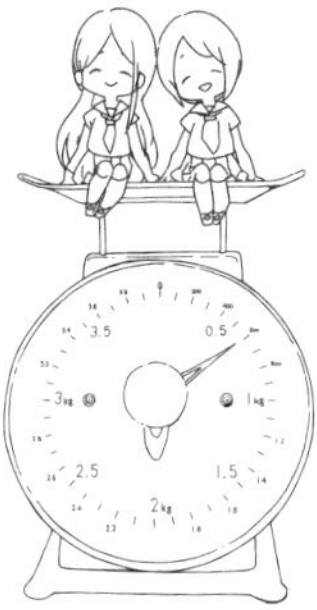

第4章

科学的に見ると、恋愛と結婚って何ですか？

何を話したらいいかわからないから、女性の研究を始めてみた

吉田　前章では科学の「頭のいいところ」とか、すごいところ、みたいなものを存分に見せてもらったんですけど、科学の、頭よすぎるがゆえの「素ボケ」とか「マジメすぎて笑える！」ところも、この章では知りたいんですよね。科学って一般的には「でっかい」もの、つまり宇宙、社会、経済とかに用いられるのはイメージしやすいですけど、もっと身近な目の前のこと、たとえば「結婚」とかにも適用できると思うんですよ。恋愛や結婚を科学的に見たらどうなのか、もっと知りたい。ということで石川さんの恋愛遍歴を聞いてもいいですか？

石川　僕はずっと男子校だったので、大学に入って、デビューしないといけないなと思ったんです。

吉田　すげえ男子校らしい（笑）。

石川　僕のいた学校はオタクが勢力を持っていた学校なんですね。普通は、かっこよくて

彼女もいる男のほうがえらくなるんですけど、そういう彼らが「おまえ、昨日のアニメ見た？」って聞かれて、「見てない、彼女と遊んでた」って答えると「はあ？」みたいな顔される（笑）。オタクがいちばんえらい。

吉田　ふはは！

石川　「え、あのアニメ見てないの!?」ってだけで、相当地位が低くなる。僕が記憶しているのは、卒業式のあとに友達と「大学行ったら女の子がいるぞ」「女の子がいるとうんちとおならの話とかあまりできねえな、最後だからいっぱいうんちの話しようぜ！」っていう会話。それで、おならとうんちの話をむちゃくちゃした（笑）。

吉田　すばらしい（笑）。

石川　で、大学に入ったんですけど、どうやって女性と話したらいいのか全然わからない。今でもわかんないんですけどね。だから、まずは「女性のことを勉強しよう」と思ったんです。

「彼女つくるなんて、数式解くより簡単じゃねーか」

吉田　「女性のことを勉強しようと思った」って（笑）、普通の人の思考とそこからしてまず違いますよね。女性が攻略対象、研究対象みたいな。
石川　それで、世間の女性たちを観察することからはじめました。
吉田　まず観察するんだ（笑）。
石川　観察して考えたんですよ。彼女をつくるとは何なのか、って。
吉田　次に彼女をつくるとは何なのか、と考えた。もうこの時点でおもしろいですけど（笑）。
石川　彼女をつくるためには、告白しなきゃいけないじゃないですか。告白するにはそもそもデートに誘わなきゃいけないし、デートに誘うためには連絡先を聞かなきゃいけない。
吉田　うん、一般的にはそうですよね。
石川　ということは、**この3つの壁（「告白する」←「デートに誘う」←「連絡先を聞く」）を乗り越えさえすれば、彼女ができるはずなんです。「こんなの数学の問題解くのに比べたら簡単な問題じゃねーか」**と思ったんですね。
吉田　この程度の3ステップで済むなんて（笑）。
石川　もし東大の入試問題に「彼女をつくるにはどうしたらいいか」という問題が出たら、まずこの3つを書いたら半分くらいは点数取れますよ（笑）。でも、現実の問題はここからなんです。大きく見るとこの3ステップですけど、細かく見るともう少しいろいろ乗り越えるべき壁があって。まず、中高が男子校だった僕と友人たちは、結局大学に行っても男子校みたいなものだったんですね。友達の誰ひとりとして、女の子の知り合いがいない状態。

吉田 じゃあ最初に「まず女子を見つける」ってステップがあったんだ。

石川 あ、そうそう。それを象徴する出来事が高2のときにあって。保健体育で性教育の授業があったんですよ。僕らはもう始まる前から「よっしゃあ！」「きたー！」「イエーイ！」と大興奮ですよ。で、保健体育の岡崎先生が、「今から性教育の授業だが……」と始めたんですけど、「落ち着けお前ら、ちょっと聞くぞ。この1週間でお母さん以外の女性と話したことがある奴、手をあげろ」と冒頭で言ってきたんですね。そうしたら誰も手を挙げられなかった。それを見た岡崎先生が「そういうことだ。お前らにはクソはやい」と言って、性教育の授業は終わったんです（笑）。僕らは「もうおっしゃるとおりだな」って。

彼女をつくるために「糸くず」を持っていた

石川 そんな具合の僕らだったので、当然「連絡先を聞く」という最初の壁にぶち当たるわけですよ。でもそも女の子の知り合いがいない。となると街を歩いている子に連絡先を聞くしか方法はない。じゃあ、街を歩いている女の子と話をせざるをえない状況をつくるにはどうしたらいいんだろう、って皆で考えたんです。
吉田　まあ、いきなり「連絡先教えてください」って聞くのも不自然ですもんね。
石川　それで僕らは当時、井の頭線の下北沢駅が通学経路だったので、そのプラットホームによく立っていたんですよ。下北沢駅の、渋谷行きのホームに友達と3人で一緒に立っていた。
吉田　まだ改装前の下北沢駅ですよね。そこのホームに立って何をどうしたんですか？
石川　で、僕は常に糸くずを持ってたんですよ。それを使って女の子に「すみません、糸くずついてますよ」と話しかけるために。
吉田　ついてないけど（笑）。
石川　そうしたら女の子は「ああ、ありがとうございます」ってなるじゃないですか。そして僕がパッと背を向けると「私はバカです」って書かれた紙が僕の背中に貼ってあるんです。で、僕は友達と話してるんですけど、友達はすげえ笑ってる。でも女の子のほうは、糸くずを取ってくれた人の背中にそんなのがついていたら……。
吉田　うん、「何かついてますよ」って言う流れですよね。言わないとおかしい。
石川　そう、それで女の子から「そちらもついてますよ」って言われて、僕は「うわ、やられたー。ありがとうございます」って会話がつながる。それから電車が来るじゃないですか。で、下北沢駅で渋谷行きの井の頭線に乗る人は絶対に渋谷まで行くんですね。だから下北沢から渋谷まで一緒の電車に乗る流れになる。で、そういうやり取りがあった人と、そのあいだに何も話さないほうがむしろ不自然だとなる。そこで会話をして連絡先を聞くっていう……。

吉田　おおっ。なんかうまくいきそうですよね！

「彼女いるんですか？」に対する圧倒的な正解

石川　そんな感じで妄想上では（笑）、壁を一つ一つクリアしていったんですね。ほかにもあったんですけど、**受験と彼女づくりでけっこう一緒だなと思ったのが、「細かいバリエーションは違うけれど、プロセスにおいては基本的に似たような問題がくり返しくり返し出題される」ということ。**たとえば、知り合って間もない頃は「石川さんは彼女いるんですか？」って質問は必ず聞かれるだろうと。

吉田　女性側からね。

石川　必ず聞かれる問題とわかっているのに、それに対する準備をしていないのは、勉強せずいきなりぶっつけ本番で試験に挑むようなものです。

吉田　受験対策がまったく不充分であると（笑）。

石川　だから**「彼女いるんですか」って質問に対してどう返すと正解だろうか、**って思ったんです。でもただ「いる」って答えだと、当然そこで終わっちゃうじゃないですか。でも「いない」っていうと、「私のこと狙われても困る」って相手に警戒される。それでいろいろ考えた結果、正解が出たんですけど。

吉田　ほう。正解は？

石川　「彼女いるんですか？」っていう質問には、「いる。しかもめちゃくちゃうまくいっている彼女がいる。長くつき合っている」と言ったほうがいい。

吉田　へぇ!!　その理由と帰結が知りたい！

石川　「長くつき合ってる」っていうと、「あ、この人は彼女思いのいい人だ」って相手は思うはずだと。そうすると次にランチに誘ったとき、非常にOKをもらいやすい。だって「この人は彼女思いのいい人だから話しやすい」って思ってくれてますからね。

吉田　でも「めちゃくちゃうまくいっている」設定なのに、そこからどうするんですか？

石川　2度目に会うときも「彼女と最近はこんなふうにしてるんだ～」なんて話をします。そで、3回目くらいに「……彼女とめちゃくちゃうまくいっているって言ってたじゃん。そう思ってたの俺だけだったんだよね。実は彼女、浮気してたんだ」と言う。そうすると向こうは「え、こんないい人を？　ひどい！」ってなって、母性本能がぶわーって出るんですよ。その状況だと、次に行きやすいんですよ！

吉田　いや、わかるけど……嘘ばっかりですよね（笑）。

石川　おっしゃるとおりです（笑）。こんなくだらない妄想ばかりして、でも僕らは真剣に、こういった流れで彼女をつくろうとしてたんですけど、さすがに途中からこれは不誠実だ、と気づきました。

吉田　（爆笑）

石川　彼女をつくるって受験じゃねーんだ、って気づいて。それで「じゃあ、こっちから無理やりせまるんじゃなく、向こうから選ばれる人間になろう」と思ったんです。

30年間分の女性誌を読んで得た結論

石川　そう気づいてから、女性誌を読み始めたんですね。僕はやるときはマジなんで、国会図書館に行って過去30年分くらいの女性誌をずーっと読んだんですよ。女性はどういう男が好きなんだろう、って。それで「私たちはこういう男子が好きです」ってランキング記事がよくあったんですけど、僕と友人たちはその情報を「宝」と呼んでいました。

吉田　「宝はこの雑誌に載ってるぜ！」みたいな（笑）。
石川　「おいおい、これ言っていいのかよ⁉」って（笑）。で、その記事を見るとだいたい第3位は「かっこいい人」なんですよ。それ、無理無理無理！ってなって、2位が「おもしろい人」。これも無理無理無理！　で、第1位「頼りになる人」ってあったんですね。あ、これなら俺らいけるかも、って思ったんです。「じゃあ女性は何に困ってるんだ？」と考えたときに……。
吉田　そういうことか！　それが石川さんがダイエットの研究者になったきっかけ⁉
石川　そう、**30年分の女性誌を調べると女性をもっとも悩ませているのは「ダイエット」なんです。**確かに女性は「私、最近太ったの」ってつねに言ってるじゃないですか。うちの母親なんか、僕が小さい頃からいつも言ってましたよ。「こんにちは」くらいの意味で聞き流してたけど。
吉田　あれは女性からの重要なサインだったんだ、と（笑）。
石川　そう、ここで頼りになったら選ばれるに違いないと思った。ここからですよ、僕のダイエットの研究が始まったのは。
吉田　うわー、なるほどね〜。モチベーションがどうやって形成されるかがすごくよくわかりました。

ダイエットについて考え始めたら、恋とかどうでもよくなった

石川　でもダイエット研究って、学問の総合格闘技みたいなところがあるんですよ。体重がどういうふうに推移していくのかを解くためには連立微分方程式を使わなきゃいけないから、そのために数学を勉強しなきゃいけない。習慣に関することだから脳科学も知らないといけない。あるいは社会の中で貧しい人ほど太りやすいという社会的な問題でもある。人生そのものの縮図がダイエットに集まっている。で、あるとき気づくんです。ダイエットって、人類の長年の未解決問題であることに。

吉田　「ダイエット」と「話し方」の本は絶対なくならないっていわれてますよね。

石川　ダイエットの問題って実は古代ローマからあって、まだ解かれていないんですよね。解かれてないこの問題を解いたら、これすげえんじゃないかって。そのことに気づいてから、モチベーションの方向性が「彼女をつくる」から「未解決問題を解きたい」になったんです。

吉田　女の子よりダイエット研究のほうがおもしろくなっちゃったんだ（笑）。

石川　彼女をつくるとか、どうでもよくなりました（笑）。だから大学生のうちは結局、

彼女ができなかったし、ダイエット研究にのめり込んで、はっと気づくと20代が終わってました。

スイートルームと花束で「ドンベタ」プロポーズ

石川　吉田さんの場合は、どうやって結婚したんですか？

吉田　僕は20代後半の男性にめちゃくちゃありがちな、「彼女がいるけど結婚するつもりはべつにない、でも別れるつもりはない」っていうパターンでした。と同時に、僕は当時から「やったことがないことをしたいタイプ」でもあったんですね。そうしたら嫁さん＝そのときつき合っていた彼女に「やったことないことやりたいタイプだよね？」「そう！」「結婚したことある？」「はっ、ない！……じゃあしようか」という経緯で結婚しました。よくできた話すぎて申し訳ないですけど。ただ、そこからは「ならば世の中でベタとされていることは全部しよう！」と思って、つき合って千日目にスイートルームをおさえて、花束渡して、プロポーズしましたよ！　ドンベタですよ（笑）。

石川　うおお！　僕の場合は……全然違いましたね。

吉田　でも石川さん、今は結婚されていて、お子さんもいますよね？　ダイエット研究に捧げた20代から、どうやって結婚に至ったんですか？

石川　**僕はまず、科学者として「現代社会における結婚とは何か」と考えたんですね。**

吉田　いいですね、最高（笑）。

石川　現代社会では一人を選ぶことを「結婚」といいますよね。ただ昔は違っていて、遺伝子を調べると基本的には男一人に女性が２人っていうのが平均だったんです。

吉田　え、そうなの？

石川　たとえばアフリカのコンゴ川の北側にいるサルの集団では、一つの群れの中で生まれる子どもの半分から６割くらいはボス猿の子なんですよ。

吉田　じゃあボス猿以外、ほとんどのオス猿は子どもをつくれないと。

石川　**人間も昔は王様に10人の妾、みたいなケースが今よりもっと多かったんですよ。でも最終的には一夫一婦制という僕らが「結婚」と呼ぶ形式になった。「この経緯が何を意味しているか」**ってことを僕はまず考えるんです。遠いんですけど（笑）。

吉田　自分が結婚するために、その思考プロセスを踏んでるんですよね？

石川　はい。一夫一婦制が意味するところを納得しないと、先に進めないんです。……みんなはこう考えないんですか？

吉田　どうだろ（笑）。でも僕はわりと共感しますよ。

ボノボの世界はセックスがありふれている

石川　それで、さっきのコンゴ川の北側にはサルとは別に、南側にはボノボっていう違う種類（のチンパンジー属）が暮らしてるんですよ。サルとボノボを比較すると、サルはメスの発情期間が短くて、一年の中でもほんとわずかな期間しかない。そうすると、オス側から見るとセックスできるかどうかっていう希少資源の争いになる。対してボノボはいつでもセックスできる。セックスがありふれてるんですよ。

吉田　**セックスの供給量が全然違うんですね。**

石川　セックスという資源が希少なのか、ありふれているかによって、何人と結婚するのかが決まってくるんだなと思ったんです。

吉田　じゃあボノボは一夫一婦制なんですか？

石川　それに近いですね。そこから一夫一婦制とはつまり、他の人たちに、セックスする機会をあげるってことなんです。

吉田　譲るということ？

石川　そう、本当だったら一人の強い男が１００人の女を手にしてしまうと、99人の男はセックス（＝結婚）できない。たぶん昔はそういう時代だったんです。男にとっては。でもヒトの世界では次第に、一人が全部取っていく形から、１００人が１００人ともそれぞれお相手を見つけられる時代に変わっていった。それって、要は「多様性」なんです。

吉田　ん？　もうちょっと教えてください。

石川　進化の本質は、多様性を生み出すことにあると思ってます。多様性が生まれると、みんながそれぞれ生活できるんです。今の社会も、そういう意味での多様性がどんどん生まれている。リア充ではなくてもオタクコミュニティではやっていけるとか、いろいろあるじゃないですか。**多様な人が存在できるため、希少な資源を争わなくて済むため、つまり平和な世の中を築くために一夫一婦制という制度ができたんだな、と思ったんです。**

吉田　社会のパフォーマンスの要請、社会全体が豊かになるためってことですか？

石川　そう。一人が富を独り占めして残りの人が苦しむのではなく、みんなが幸せになる制度としての一夫一婦制なんだ、と僕は結論づけたんです。

「いい人がいたら結婚」だと一生結婚できない

石川　次の段階として、「人はいつ結婚するのか」という問いを考えたんです。シカゴ大学のゲーリー・ベッカー教授がこの研究をしていて、彼は結婚とか恋愛とか人間の日常的なことを経済学でモデル化したことでノーベル賞をとっている人なんですね。

吉田　おお、おもしろそう。超読みたいです。

石川　それ以外にもいろいろ研究を見た結果、「結婚は決断が先にある」と思ったんです。つまり、**「いい人がいたら結婚しよう」と言ううちは、一生結婚できない。結婚するという意思決定が先にあって、意思決定をした人だけが結婚できてそうだな、と。**

吉田　それってまさに「婚活」じゃないですか。

石川　そうですよね。よく「いい人いたら紹介してよ」って言っている人がいますけど、それじゃあ無理なんだな、って思ったんですよ。紹介以前に覚悟が足りん、まず意思決定をしろ、と（笑）。だから僕は意思決定をしたんです。31歳の1月1日に「よし、結婚してみよう」と決めました。当時、つき合っている人とかいませんでしたけど。

「俺は今年結婚する」と意思決定して、お花見へ

石川　それでその3カ月後の春、生まれて初めてお花見に行ったんですよ。

吉田　え、生まれて初めてお花見に？　31歳で？　ちょっとそこ掘り下げていいですか？

石川　僕は普通の人が経験することをほとんど経験していないんですよ。みんなでカラオケ行くとか、クリスマス会をするとか。だから僕、昔から「リア充かどうかはブルーシートに乗っかったことがあるかどうかでわかる」と考えていたんです。僕、ブルーシート乗ったことないですもん（笑）。

吉田　僕はけっこうブルーシートに乗る人生ですね（笑）。花見とか、コンサートのチケットをとるためにとか、あと早慶戦見るために前日から神宮球場の外で酒呑みながら待ってたとか。

石川　あー、それリア充ですね。

吉田　リア充なのか（笑）。落語研究会で男ばっかりでしたけど。ところで人生初のお花見は誰かに誘われてだったんですか？

石川　はい。初めて僕をお花見に誘ってくれたのが、友人の山本周嗣さん（文響社の社長）だったんですね。じゃあ行ってみるか、なぜなら「俺は今年結婚をする」という意思決定をしているから出会いがあるかもしれない、と思ったので行きました。で、そこで、のちの奥さんになる女性と会いました。

吉田　人生初のお花見で出会った女性と結婚したんだ！　そのとき彼女とどんなことを話したんですか？

石川　今、吉田さんにしたような話をしたんです。結婚とはこうやってするものです、僕はもう決めました、あなたに意思決定したので、あとはあなた次第です、と。そこから半年間、何が起きたのかというと……無視です（笑）。

吉田　彼女に無視されたんですか（笑）。

石川　そりゃあそうですよ。でもこっちはもう「この人と結婚する」と思い込んでいるから必死なんですよ。それで半年間くらいお願いしたら、向こうもだんだん「しょうがないな」となって、初めて2人で会うことになった。それで食事に行ったんですけど、僕も浮かれてて……財布をね、忘れたんですよ。

吉田　またすごいベタなことを！　すごいな、もう。さだまさしの歌みたいなベタっぷりですね！

石川　「ちょっとすいません……財布がないです」って。

吉田　（爆笑）

石川　その時点で向こうは「こいつ、二度目はねえな」と思ったと思うんです。でもめげずに結婚してくださいってお願いして、で、出会って1年後くらいに、（向こうが）しゃーねーなー、って話になって、結婚ということになりましたけどね。

結婚とは「この人がいい」じゃなく「この人でいいや」

吉田　後半、すごくはしょりましたね（笑）。でも今の話を聞いていて思ったのは、石川さんルールは完全に筋が通っているということ。その石川さんルールを彼女が共有してくれて結婚できたんでしょうか？　もしくは石川さんが彼女のルールはこうだな、と把握して合わせたんですか？

石川　いや、僕は合わせてないです。結婚っていうのは意思決定が揃うことだと思ったので、「あとはあなたが意思決定をしてください」と。多分、どこまでいっても決めきれないことだと思うんですよ。「本当にこの人なのか？」っていう問いは。

吉田　あ、その問い、たぶん意味ないですよね。妻帯者の言うこととしては最悪かもしれないけど、**結婚って「確かにこの人でいいんだけど、この人じゃなくてもありえたかな」ってことは、めちゃくちゃ思いますよね。**

石川　ただ、僕は一方では、女性側は「本当にこの人なんだろうか」「もっとほかにもいないだろうか」といろいろ考えているだろうとは思っていました。でも最終的には「これだけ思われているんなら、この人でいいか」になる。つまり「が」じゃなくて「で」だと思ったんですね。**この人「で」いいと思っていただけないかと。**そのためには、「この人はこんなに私のことを好きなんだ」って思われてないとな、と。いろいろ考えて、手紙を書くことにしました。

吉田　数式で？

石川　いや、文章で（笑）。なぜあなたのことが好きなのか、ということを書きました。

吉田　なんて書いたんですか？

石川　他愛もないことですよ。笑顔がどうとか。

吉田　それ、他愛もないって言っちゃだめでしょう（笑）。

石川　でもとりあえず、その人のいいところを100言おう、と決めたんです。そのとき参考にしたのが占いですね。占いってのは、なんとなく自分のこと言われている気がするじゃないですか。たとえば「あなたの長所は優しいところ」って書かれてて、優しくない人なんかいないんですよ。「明るいけれど寂しがりやなところもある」とか、寂しくない人なんていないんですよ（笑）。でも読めば読むほど「あ、この人、私のことわかってくれている」ってなるんですよ。

吉田　あ、ちょっと話がそれますが、「ストックスピール」の話をしていいですか。占い師の人たちが必ず持っている、いくつかのキラーフレーズってあるんですよ。「どうして私のことがわかるんだろう？」って思わせるフレーズ。それは相手を観察したり超能力を使って質を見抜くなんてことじゃなくて、確率論的にほぼ100％当てはまるけど、みんなが言われないセリフなんです。たとえば「あなたは誤解されやすい人ですね」とか、言われた瞬間にふわっとなっちゃうでしょ？　これ、話術の世界ではやっちゃいけないやつの一つなんですけど、ときどき使っちゃいますね。

つき合いたい相手とは、将来の話だけをしよう

石川　ただ、どこまで言葉を尽くしても、「どうして私なのか」という彼女の疑問はぬぐいきれないと思ったんですね。「私のことが好きになったのはよくわかった」「じゃあなぜ私じゃなきゃダメなのか」と。そこが疑問として残る限り、意思決定しないだろうと思ったんです。だから僕が次に気をつけたのは、とにかく将来の話しかしないということ。

吉田　過去の話はしない？

石川　「仮にですよ、仮に結婚したとして、その後どのような生活があるといいか？」「おじいちゃんおばあちゃんになったら、どういうところで暮らしたいですか？」とか、そういう妄想ですよね。**結婚したという前提で妄想を膨らませてもらう。脳って基本的に、シ**

ミュレーションするとだんだん慣れてくるんです。あ、この人「で」いいかなって（笑）。

吉田　ははあ、シミュレーションのプランをいっぱい与える、と。

石川　これは僕が恋愛以外のときによくやっていたことでもあるんです。バスケットボールの練習でも、実際にシュート練習するのと、イメージで練習するのとは、効果が変わらないって研究があるくらいなんです。

吉田　へえ!?

石川　それくらい、イメージする力って脳に与える影響が強い。でも好きになると、過去のことが気になるのが人の常じゃないですか。

吉田　だいたい「どこで生まれて、昔どうのこうの」ってなりますよね。

石川　僕は、過去はもうどうでもいいから未来の話をしようじゃないか、と思ったんですね。でも「もしつき合ったらデートにどこ行きたい？」って聞くのは、さすがに変だなと気づきました。

吉田　まあね、ちょっと無理ありますね。

石川　自然な前置きはなんだろうって考えて出てきたフレーズが「つかぬことを聞いてもいいか」でした。もう「つかぬこと」を聞くんだから、べつにいいんですよ。あくまでも仮の話だけど、もしつき合ったとするじゃん？　そしたらどこに行きたいか？　ってそれなら非常に自然なわけですよ。

吉田　自然⁉　うん、まあ自然ね（笑）。

石川　まあ不自然ですね（笑）。でもそのうえで、妄想を膨らませていくっていうのが大事。**つまりイメージは本番（交際・結婚）に向けて欠かせない練習なんですよ。**そういう練習をせずに「好きだ！」「結婚して」「だからつき合って」って言っても、ほぼすべて自分の都合、欲望の押しつけじゃないですか。僕みたいなのがそれだけやっても「この人でいい」には絶対ならないと思ったんです。じゃあ「この人でいい」っていうタイプの彼氏なり旦那になろうと思った。それで出会ってからの半年間、イメージをもってもらうことをいろいろやって、そしたら「この人となら結婚できるかも」ってイメージができたんでしょうね。向こうはＯＫしてくれました。

吉田　……もうここまでのところで、知見がありすぎてどうしたらいいのか（笑）。合理的っていうか、すべてに優先する大ルールに則っているだけですよね。話を戻しますけど、初対面で今の奥様に決めたのはなぜ？

石川　たぶん直感です。本能が反応しただけなんだと思います。そこからなぜ気に入ったのかっていう後づけの理由は、彼女も研究者だったからとか、いっぱいある。でもやっぱり直感ですね。

吉田　今の話、奥さんに言ったら怒られません？

石川　もう言ってますよ。でもそんなに不快そうじゃないですね。「会った瞬間に決めた」って、そこにはたいして理由なんかあるわけないですよ（笑）。

吉田　でも直感って、ものすごい高度な演算処理ですよね。直感でありかなしか、っていったら、なしの人とは絶対続かないと思います。

石川　うん、そう思います。

妻は夫を「存在レベル」では信じていないのか？

石川　僕、結婚後に出張先からおみやげを買わずに帰ると、奥さんによく怒られたんですよ。でも僕は小さい頃から、人から物をもらうことが苦痛だったんですね。ところが奥さんは逆で、「物をもらうことが嬉しい」って人だったんです。

吉田　まあ、そっちが普通というか、多数派ですよね。

石川　で、話し合ったんです。「あなたが何がほしいのかとか、本当にわかんないんです。すみません！」って。そうしたら奥さんが「そういうことじゃない、物はなんでもいいからその行為自体がうれしいんだ」と言ったんですね。じゃあそれって何に対するうれしさなんだろう？　ってここから先は僕がひとりで考えたんです。たとえばうちの子はまだ小さいんですけど、子どもは存在しているだけでうれしいんですよ。それこそ、うんちがちゃんと出るだけで「よくできたねー」って褒められる。僕は毎日うんちしてますけど1回も褒められませんよ。僕は物を贈らないと喜んでもらえないし、贈らないと怒られる。でも子どもは何をしても喜ばれる。じゃあ僕と子どもの本質的な違いに何かヒントがあるに違いないって考えていくと、子どもは存在自体がかわいいんですよ。でも僕は、存在はべつにかわいくないし信頼もされていない。

吉田　いやそんなことはないと思いますけど（笑）、まあ意味合いが違うんでしょうね。

石川　僕のことは無条件で信頼してないから、何かをしてあげるっていう好意の確認が必要なんだと思ったんですね。だから結局、選んでくれたって気持ちがうれしい、ないと悲しいっていうのは、深層心理として「あんたのことは存在レベルでは信じてませんよ」ってことの裏返しなんだな、と思ったんです。

女性のコミュニティ最上位は「誰とでも仲よくできる子」

石川　お土産の話もそうですけど、男と女で根本的に何が違うのかと考えると、**男って、**

ちっちゃいときからピラミッド形の人間関係をつくるんですよ。天辺にボスがいるピラミッド社会。強い奴が偉いけど、たまに下克上があったりもする。ピラミッド型の人間関係は服従するという意思が大事なので、強いかどうかだけが重要です。**対して、女性のコミュニティにおいていちばん偉い子って、誰ともで仲よくできる子なんですよ。**それはつまり、女性はつねにまわりのことを信用していなくて、「この子、私の仲間なのかな?」ってことをものすごく気にしながら生きてきたんじゃないかな、って思ったんです。

吉田 『女子の国はいつも内戦』（辛酸なめ子／河出書房新社）ってタイトルの本がありますよ。

石川 言い得て妙ですね（笑）。そういうアメーバというかフラットな社会においては、お互い物を贈り合うことが必要だった。なぜかと言うと、腕っぷしの強さと違って仲がよいかどうかは、確認できないから。誕生会であの子はプレゼントくれたから友達、あの子はくれなかったから悲しいみたいに、物でどう思っているのかを確認し合う。そういうことを小さい頃からずっとくり返しやってきていると、もらえないことが悲しくて、もらえることがうれしい。それは何かというと、基本的に他者を存在レベルで信頼していないんだろうな、って思ったんです。

吉田 自分の子どものことは、親として発達段階から全部見ているから、信頼できるのかもしれない。

石川　そうです。だから結局僕は信用されてないんだな、ってことをここまで考えてようやく納得したんです。

吉田　論理的帰結として引き受けたんですね。

家に帰っても妻はいないと毎日思ってる

石川　そんなふうに「奥さんは僕を信じてない」とずっと思っていたんですけど、最近逆なんじゃないかと考えを改める出来事があったんです。よく「信頼を築くのは大変だけど、崩れるときは一瞬」っていうじゃないですか。あれは半分正しくて半分間違っている。「不信」から始まった人間関係の場合が、そうなんです。**信頼を積み上げていくのには時間がかかるけど、崩れるのは早い。でも、「信じている」から始めると、何をしようがしまいが積み上げる信頼も崩れる信頼もないんですよ。**そういうふうに考えると、僕は奥さんのことを「信じない」から始めていたんですね。

吉田　今、さらっと言いましたけど（笑）。

石川　なんで信じないから始まったんだろうと考えると、かつての僕は「それがラクだから」って解釈をしたんです。

吉田　信じないほうがラク？　信じるほうがラクじゃないすか？

石川　信じるほうがつらい。たぶん女性は「信じてたのに裏切られた」って経験をすごくしてるんですね。いろいろな人間関係の中で。

吉田　「女性は」と限定するといろいろ物議をかもしそうですけど、まあまあ先に行きましょう。

石川　きっかけは、最近会った人に「石川さんって悲しいという感情あるんですか？」って聞かれたんですよ。そのとき僕は「ないなー」と気づいたんです。僕、悲しいって感情がないんですよ。悲しいって感情は「ある」と思っていたものがなくなったときに起こるんですけど、なぜ僕に悲しい感情がないかというと、そもそもいろんなことを「ある」と思っていないから。明日もあると思ってない。もともと「そんなのものはない」と思っているから、「ある」となるとうれしいとか感謝になる。たとえば僕、毎日家に帰るとき、奥さんと子どもがいると思ってないんですよ。

吉田　いたらラッキー、ですよね？　僕もまったく一緒です。すげえ同感。

石川　いなくなってからビビってるんじゃ遅いと思っていて、「いない」と思って帰るといるから「ああ、いたー！　ありがたい！」みたいになる。電話もそうなんですよ。奥さんに電話して、出ると思ってないんですね。だからもし向こうが出たら「出たー！」みたいな（笑）。

吉田　うん、僕はすげえわかります。理解できないって人のためにもう少し別の喩えをすると、家に帰って部屋が片付けられていないと怒る人っているじゃないですか？　うちは僕がシッチャカメッチャカなこともあるんですけど（笑）、前提として片付けてくれるもんだと思っていないから、まさか怒りなんてわかないです。ちょっと語弊があるかもしれないけど、期待しないほうがラクですよね。

石川　そう、期待です。

吉田　**何かが自分にとって都合のいい状態であることを、期待するから怒りや悲しみが生まれる。**

石川　そうそう。だから「ある」と思っていると、いろんなネガティブ感情が出てくるんですね。でも僕はそもそも、奥さんがいつまでも「いる」と信じてない。こんな僕ですから、すぐにでも見捨てられるだろうと。でも「ない」からスタートすると、感謝しかないし、悲しみもない。

吉田　じゃあその理屈で考えると、奥さんがお土産がないことに怒るのは、石川さんを信じているっていうことですよね？

石川　そうそう、お土産があるって信じてたのに、なかったから悲しんでいるのかなと。

奥さんは僕を信じてくれてるんだな、と思ったんですね。だから次からはおみやげいっぱい買って帰ろ！　と考えをあらためました（笑）。

吉田　今、自分の夫婦関係を省みてみたんですけど、うちはお互いに「ない」としか思っていない。「あいつどうせ帰ってくるわけない」って僕なんか思われてるわけですよ。奥さんと子どもと義理のお父さんで、「じゃ、今週末、京都行ってくるから」「あ、行ってらっしゃい」って感じで予定の問い合わせすらされないですよ。どうせいないでしょ、って感じで。アイドルとファンの関係性にもそういうところありますよね。基本的にファンって自分たちに何かしてくれるとは思っていない対象（アイドル）を勝手に愛するんですね。出発点がそうだから、ちょっと何かしてくれたら全部感謝なんですよ。「うちの県でコンサートをやってくれた、感謝！」って。だからアイドルファンって、基本的に愛する行為のなかから喜びだけを引き出せているという感じがしますね。**結婚も「何かをしてもらうため」でも「何かをしてあげるため」でもなく、ラッキーなことに毎日一緒にいてくれる相手がいる、と思えるといいんじゃないですかね。**

石川　無我じゃないですけど、最終的には「我がないんだ」って思ってたほうが、いろんな意味で幸せなのかなあとは思いますね。感謝しかないですから。

第５章

幸せに生きるには
多様性が必要だ

流行はどうやってつくる?

吉田　世の中で言われていることで、僕がいちばん「確からしいなぁ」と思いつつ、もうちょっとで腑に落ちそうだけどまだつかみきれてないことが一つあるんです。それが「多様性はいいものだ」という考え方。なんとなく重要そうなのは、よくわかるんですよ。ただ、その昔から「個性を大切にする」みたいなことも言われてきたけど、実際には個性が大切にされているかというと逆ですよね。今もほとんどの人にさまざまな選択肢が用意されているはずなのに、みんな、同じようなものを求めていませんか?　100人いたら100人がぜんぜん違う映画を見ていてもいいはずなのに、こぞって『君の名は。』を見ていたりする。もちろん『君の名は。』に価値があるのはわかるんですけど。そこで、僕が石川さんに聞きたいのは、「なぜ世の中に、はやるものがあるのか?」という問いなんです。「多様性」とは逆の動きが「流行」だと思うんですよ。エンタテインメント業界の人はみんな、流行をつくるコツを知りたがっている。コンテンツは、人を相手につくるのも、数百万人相手につくるのも、言ってしまえばコストは同じです。**エンタテインメント業界は突き詰めると「いかに流行をつかむか、つくるか」というのが、ビジネスの肝だからです。**石川さんは予防医学がご専門ですよね？

石川　はい。

吉田　予防医学の裏を返せば、流行をつくることにつながるんじゃないかと思うんです。病気の流行を防ぐ知見があるってことは、はやらせる知見もあるんじゃないかなって。

石川　じゃ、ちょっと流行の歴史から話していいですか？

吉田　ぜひ！

石川　まず、世の中に何かがはやるメカニズムを最初に研究したのは、ラザースフェルドというアメリカの学者なんです。彼はコミュニケーションの研究者で、戦争のプロパガンダ、すなわち国民を啓発するメッセージはどうやって広まるのかを、「2段階モデル」というもので考えたんですよ。

吉田　2段階モデル？

石川　まず何かしらのメディアから情報が発信されますよね。で、一般の市民はその情報を知ってすぐに「おおっ！」って興奮するわけじゃなく、あいだに誰か一人、入ると考えたんです。そしてその一人を「オピニオンリーダー」と呼んだ。

吉田　え、オピニオンリーダーって、そのときに生まれた言葉なんですか？
石川　そうです。メディアで流した情報を1回オピニオンリーダーが受け取って、オピニオンリーダーから一般の人たちに流れていくという「2段階」で情報は広がっていくと仮説を立てた。1950年代くらいの研究です。
吉田　え、じゃあそんなに昔じゃないんですね。
石川　そうですね。そもそも、メディアなんてものができたのが最近ですから。
吉田　あ、そうか。でも当時はまだ仮説だったんですよね？
石川　そう。それからずっと「**本当に情報はオピニオンリーダーによって広まっているのか」って研究がされていたんですけど、結論は「どうやら違う」。確かにオピニオンを持っているリーダーはいるんですけれども、必ずしもその人が広める役を担っているわけではなかったんです。**
吉田　オピニオンリーダーとは別に、情報を広める人がいるってこと？
石川　というか、オピニオンリーダーみたいな人がいるコミュニティって、そもそも非常に狭いんですよ。その狭いコミュニティ内部で情報がぐるぐる回るだけで、外に出ていかないってことがわかったんです。
吉田　実感としても、めちゃくちゃよくわかりますね。僕は毎日ラジオ番組をやってますけど、うちの番組内だけですごく奇特なアーティストがはやったりするんですよ。けど、それが他の番組やメディアに伝わるかというと、伝わらない。まさに小さなコミュニティでぐるぐる回っている状態なんですよね。

「弱いつながり」のクチコミは意外と強い

石川　それで、流行について次に提唱されたアイデアでおもしろかったのが、グラノベッターっていう人の説なんですけど。

吉田　はい、グラノベッター、2人目きました。

石川　彼は社会学の研究者で、人が転職をするときに誰から転職情報をもらうんだろうかという研究をしたんですが……。

吉田　あ、『弱いつながり』（東浩紀／幻冬舎）の話ですね？

石川　そうです。**新しい情報はオピニオンリーダーみたいな人より、むしろ弱いつながりを持った人から入ってくるんじゃないかと。**検証してみると、やっぱりその通りだったんです。新しい情報は、つながりが弱い人から入ってくる。Facebookも最近似た研究をしています。たとえばある本を他の人に勧めたいとき、友達に伝えることによって広まるのかと検証したんですね。結果、広まらないことがわかった。なぜかっていうと、同じような趣味・嗜好を持つ人が友達になるのだし、友達だからといって、違う趣味・嗜好を押しつけることは難しそうだということなんですよ。ある趣味は共有できても、ほかの趣味も合うとは限らない。

吉田　うん、わかります。

石川　友達って、そもそも同じようなものを好む「強いつながり」なんですよ。だから、「新しいこれ、いいよねー」「そうだね！」となるんですけど、結局身内でぐるぐる回って終わってしまう。

吉田　じゃあ**何かをはやらせるためには、「弱いつながり」、つまりちょっとした知り合いとか顔見知りレベルの関係性が重要ということ？**

石川　はい。情報を違うコミュニティまで伝播させるときには、「弱いつながり」が必要なんです。ここまでが昔の研究です。最近、さらに新しいことがわかってきました。ハーバードのユッカ・ペッカ・オニール先生が、ヨーロッパで携帯電話のネットワークを分析したんです。誰と誰が何分くらい通話しているのかを調査して、通話時間の長さで「強いつながり」「中ぐらいのつながり」「弱いつながり」の３つに分類したんです。どこに情報を投下するといちばん効率よく広まるのか？　ということを調べるために。

吉田　それ、ものすごく知りたいです。
石川　当然、強いつながり同士の影響力は強いんですよ。だけども、弱いつながり同士の人は、数としてはいっぱいいるじゃないですか。
吉田　知り合いの知り合いとか、なんとなくしか知らない人とか。
石川　そういう弱いつながりだと、情報は届いても受け入れてくれる可能性が低い。結局わかったことは、「中ぐらいのつながり」が大事だってことでした。**中ぐらいのつながりを持った人に情報を与えると、コミュニティを越えて情報がもっとも伝播しやすい。さらに、情報を拡散してくれるのは必ずしもオピニオンリーダーと呼ばれる人じゃない。ごく普通の人なんですよ。**
吉田　物知りだとか勉強家だとかのキャラである必要はない、ほんとに普通の人ということ？
石川　はい。マーケティングの世界では、マーケットメイブン（市場の達人）と言われています。
吉田　つまり中ぐらいのつながりの人たちが、クチコミ力の強い「マーケットメイブン」なんだ。
石川　図にすると、こういうことです（図B）。

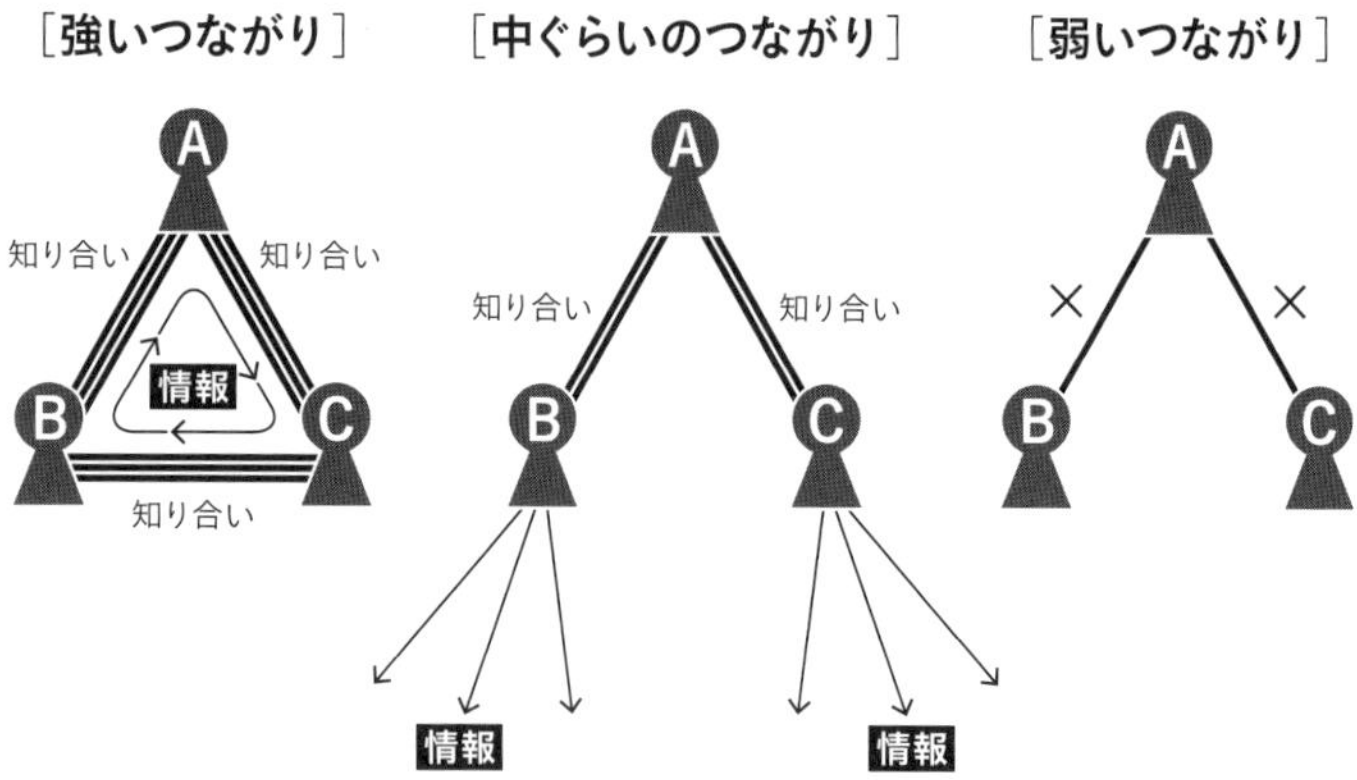

[図B] A–B–C間の閉ざされたコミュニティの情報より、「中ぐらいのつながり」のほうが情報は伝播しやすい

吉田　そうか、A－B－C間で閉じているコミュニティの情報は、外に広がりにくい。なぜなら、つながりが強いから……めっちゃおもしろい！　でも「いいね！」と思ったものはもっとほかの人にも言いたくなりません？　うざがられるかなーと思っても、思わず「布教」しちゃう。

石川　うーん、でもだいたいの人はスターバックスの店員さんと雑談しませんよね？　自分が仕入れた情報をシェアする相手は、仲がいい人というのが普通なのでは。

吉田　うん。確かにそうだ。

石川　AKB48のファンはAKB48に興味がない人に、あまりそのことを話さないでしょう。話してもわかってもらえないと考えると。

吉田　面倒くささに勝てないから？

石川　プラス、行為に対するリターンがあまりにもないからでは。興味がない人に話してもうまく通じないし、共感を得られにくいので。

日本のピンクリボン運動は大成功したケース

石川　でも吉田さんが知りたいのは、「じゃあ、そういった人たちをどうやって見つけてくるんだ？」ということですよね。

吉田　そうです。予防医学は、病気を流行させない方法を世に広める「流行させない方法を流行させる」ことを考えなくちゃいけないですよね？　正しい健康の情報を広めたいときには、どうしてるんですか？

石川　これまでは両極端だったんですよ。まず一つの方法としては、「キャンペーンをする」。新聞やテレビなどのマスメディアを使ってバーンと広める方法。日本のヘルスキャンペーンで有名なのは、「ピンクリボンキャンペーン」ですね。

吉田　乳がんの啓発活動ですよね。

石川　あれは朝日新聞が仕掛けたんですけど、世界的にもよくできたキャンペーンなんですよ。

吉田　へえ、そうだったんですか！

石川　欧米各国では20年ぐらいかけて徐々に乳がんの認知が広まってきたんですけど、日本はピンクリボンキャンペーンの効果によって、わずか数年で欧米水準まで認知が広まった。すばらしくよくできたキャンペーンです。

吉田　具体的にピンクリボン運動の何がよかったのかも気になりますが、ここでは置いておいて——流行をつくるためのもう一つの方法って何ですか？

石川　もう一つは1on1での教育。「健康教室」とか「健康教育」っていわれるものですね。つまりキャンペーンのようなマクロなアプローチか、一対一のミクロなアプローチかのどっちかしかない。その中間くらいのネットワークを考慮したアプローチはまだとられていないんです。

吉田　じゃあ、どういうふうにしたらいいのかっていうのは、まだ模索中なんですね。

日本では「現状追認メッセージの歌」がはやりやすい

吉田　僕はアナウンサーなので、音楽やエンタメ業界の仕事が多いんですね。で、流行に関してちょっと批判的な意味合いで言っちゃうと、**日本では意図的に現状追認的なメッセ**

ージを出しているアーティストじゃないと売れない傾向にある。

石川　そうなんですか？　たとえば？

吉田　「友達は大切だよね」という歌と、「本当は友達には適切な人数ってあるんじゃないか」っていう歌があれば、前者のほうが絶対に売れる。「そりゃそうだ」と思えるようなメッセージを意外性のある方法で伝えると、いわゆる「ブレイク」する可能性が高いんです。メッセージの伝え方をファンシーにすると、流行することがあります。僕はそこのところをここ数年ずっと注視してきたんですが、それが最高によくできていて、本人たちもコントロールできる範囲を超えて圧倒的にすごかったのが、「ももいろクローバーZ」。

石川　ああ、聞いたことあります。

吉田　彼女たちは普通の10代の女の子だったときから、まるでSFのように新しかったり、発明といえるような価値観を、言葉で提示しているわけではなかった。でもアイドルとして、かつてないすごい存在になりました。その新しさはメッセージの内容じゃなくて、や・り・方・が・フ・ァ・ン・シ・ー・だったんだと僕は思ってます。たとえばAKB48は、ものすごくでかい閉じたコミュニティで支持されている印象がある。何度か実際に48グループのファンの方を前に仕事をさせていただきましたが、AKB関係以外の話題を出しても反応がとても薄い。全員が全員そうではありませんが。でも「ももクロ」はもう少し世間の人とつながっている感じがする。ドルオタだけじゃなくて、プロレスやお笑い、アニメのファンでもある、ももクロファンが多い。おそらく中くらいのつながりのコミュニティをつくることに成功したんですよ。

石川　**重要なのは伝え方で、もはやメッセージ自体のおもしろさはなくてもいいかもしれない。共感さえできればいいってことかもしれませんね。**

吉田　そうそう。メッセージの内容より共感できることのほうが、理解しようとするときに飲み込みやすいんですよ。ただ、普通に現状追認的なメッセージを言ってもダメ。現状追認的なメッセージを変な伝え方でやれば、はやるんです。……と僕は感じてます。

石川　それでいうと僕は、アッパー系の伝え方がウケるかなと思います。今って情報がたくさんあって、日々膨大な選択をしなきゃいけないじゃないですか。朝起きて、LINEの返事して、SNSチェックして、Yahooニュース見て……とかいろいろやっていくと、疲れ果ててるんですね、脳が。そういうときに心地よいのは、アッパー系の快楽なんです。怒涛のしゃべくり、もしくは思考を許さないダンスミュージックとか。そういった思考力を奪うもの、体を強制的に動かせるものがはやっていく可能性はあるかもしれませんね。

人がクチコミを信じる条件

石川　またちょっと違う話になりますが、**人は3つくらいの別々のコミュニティから「これがいいよ」と聞くと、そこに乗っかる可能性が高いんじゃないかと僕は思っています。**人っていうのは最低3つぐらいの情報源がないと、意思決定できないのかもしれない。これはまだ仮説ですが。

吉田　たとえば「この曲がいいよ」ってまったく違う3人から聞くと、ってことですよね。職場の同僚と、家族と、近所の人とか。

石川　そうです！

吉田　最近、音楽業界の人がみんな言ってるのが「アニソンは売れる」。今の話とつなげて考えると、その理由が腑に落ちます。アニメは、作品のファンと主題歌を歌うアーティストのファンをすでにもっているから、さらにもう一つ何か乗っかるメッセージを獲得すると、3つの違うコミュニティに響きやすいわけですよね。

石川　ああ、なるほど。確かにそうですね。

吉田　アニソンっていうだけで、すでに2つのイスを獲得できているから、ヒットのハードルが低い。今日、石川さんとお話ししてそれがわかりました。

石川　ただし、じゃあ単純にコラボさせればヒットするかというと、そういうわけじゃない。むしろうまくいかないことも多々あると思うんですよね。

吉田　コーディネーションがよくできていないから？

石川　単純にコミュニティが違うからっていうだけだと、たぶんウケないんですよね。うまいこと何らかの接点を見つけないと。

吉田　『ジョジョの奇妙な冒険』とＧＵＣＣＩのコラボなんかは、その成功例ですよね。「ああ！」っていうひらめきがあった。

石川　ただ、爆発的にヒットさせるためにはやっぱり、２つではなく３つだろうなという気がする。だから何か企画を考えるときは、「これは異なる３つのコミュニティにウケるか」という視点をもつのは、いい気がしますね。

吉田　僕の本業であるラジオ番組は、コミュニティをつくる力はとても強いんです。だからうちの番組も強いつながりでぐるぐる回っているんで、強い子たちは超来るんですけど、それをどう広げていくかが課題です。

石川　まずはもう一つのコミュニティを見つけることですよね。一気に３つ獲得するのは難しいですから。

人間はランキングが好きな生き物

石川　ただし、はやった／はやらないを考えるときは、「結果バイアス」に気をつけなきゃいけないんです。

吉田　結果バイアスって何ですか？

石川　結果だけですべてを判断しちゃうこと。はやったからそのプロセスは正しかった、はやらなかったからあのプロセスは間違っていた、というふうに人は思いがちなんですよ。結果にもとづいてプロセスの良し悪しを判断してしまうバイアスがある。はやらなかったことの中にも、取り組みのプロセスの一部は正しかったというケースもあるはずです。あとほかにも有名なバイアスとしては「自分が見たいものよりも、人が見ているものを見たい」ということが知られています。

吉田　え、どういうこと？

石川　**要は、人はランキングが好きってことです。**これは人間行動研究におけるもっとも大きな発見ともいえるのですが、**人間はみんなが見てるもの、行動しているものがほしくなる。**

吉田　そうか！　ベスト10位って言われた段階で、最終的に1位の曲を好きになるかどうかはともかく、間違いなく「気になり」ますもんね！　だからラジオではランキング番組ってなくならないし、新しいアーティストはランキングで目立つ動きをすることがかならず最初の一歩なんですよね。……じゃあ、もしランキングをいじったら？

石川　見事に勝ち組の分布が変わるんですよ。だから「一人勝ち」って状態は、ランキングが存在するから生まれるんです。みんながそこにわーっと集中しちゃうから。

吉田　うわ、おもしろい！

石川　**そしてその集中の過程で今の時代におけるダサい人たちがその対象を「クール」って言い出したら、もう途端にクールなものじゃなくなる。**大手メディアで言い始めたら、もうダサくなる。流行の終焉なんです。

吉田　いまどの業界がおもしろいか、という基準を図る方法を聞いたことがあるんです。それは、「東大を出て勤めたらがっかりされる業界はおもしろい」という方法。その昔、東大を出るような立派な人は出版社や新聞社に勤めるべきで、テレビ局に勤めたりしたらがっかりされた。そういう時代は、テレビがおもしろかったんです。でも、そのうちに東大出てテレビ局、万々歳！となった頃には、もう業界がおもしろくなくなり始めているんだと。ちょっと前だと、東大出てネット企業に勤めるなんて言ったら、テレビ局とかに勧めればいいのに！とか言われたはずですが、今だと、いいよね！なんて言われそうじゃないですか？　いま東大出てラジオ局なんか入ったら、「ラジオなんかやめとけ！」って言われそうな感じがする。だからこそラジオはいまおもしろいかもしれませんね。

イチゴ大福ときゃりーぱみゅぱみゅという「大発明」

吉田　ももクロの話のとき、内容それ自体より、伝え方がファンシーなほうが伝わるって僕、言ったじゃないですか。でもよく考えたら、何をファンシーとするかって、その人の趣向や属しているコミュニティによって全然違いますよね？

石川　今はそうかもしれませんね。昔の日本だったら、殿様からちょっとした何かをもらったら、それはもう超ファンシーだったんでしょうね。もう子々孫々まで伝えるべきもの、みたいな。でもそれを今の人が見ても、全然ファンシーじゃないですもんね。「殿様？　誰？」みたいな。かつては水戸光圀公の葵の御紋の印籠が出たらみんなハハーッってなっただろうけど、今はまったく効かないわけで。

吉田　そうなっちゃうでしょうねえ。

石川　これだけモノとサービスが溢れて細分化している時代だと、人それぞれ何を価値としているか、わからないですよね。

吉田　昔、みんなが反社会的なものだと思っていたヒップホップの人が、突然、親孝行とか言い出したじゃないですか？　あの瞬間はたぶん、すごくファンシーだったんですよね。みんなが一斉に「おもしれー！」ってなった。

石川　やっぱりギャップに感動するっていうのはありますね。

吉田　それでいうと、**イチゴ大福って人類のもっとも偉大な発明の一つ**だと思うんですよ。

石川　イチゴ大福？

吉田　だってイチゴも大福も、それぞれは昔から当たり前に存在したのに、それまで誰も一緒にしようとは思わなかったわけですよね。でもあれって、一緒にした瞬間、イチゴでも大福でもない味になるじゃないですか？　もう「何これ!?」って。

石川　そういう意味でいうと、**ファンシーさって「新しさ」と「受け入れやすさ」のバランスかもしれませんね。新しすぎると受け入れにくいし、受け入れやすすぎると逆に新しさがない。**その絶妙なバランスがファンシーさじゃないかと。

吉田　音楽でいうと、僕、「きゃりーぱみゅぱみゅ」の曲を初めて聴いたとき、あまり新しいと思わなかったんですよ。でも「きゃりーぱみゅぱみゅ」という名前は「大正解！」

って思った。

石川　「きゃりーぱみゅぱみゅ」って名前は、確かにめちゃくちゃ新しかったですよね。

吉田　あれがたとえば「ヤマモトサナエ」だったら、絶対はやらなかったじゃないですか。たぶんそこが、ファンシーさの演出がすごくよくできていた部分なんだと思う。

クリエイティビティ＝新しさと受け入れやすさのバランス

石川　実は**学術上では、「新しさと受け入れやすさのバランス」こそがクリエイティビティだと定義されています。**

吉田　え、定義があるんだ？　じゃあ数値化できるんですか？　すごく知りたい！

石川　「新しさ（驚き）」なら、ベイジアン・サプライズという手法で定量化が行われています。難しい話をすれば数理モデルなんですが、要するに、「ある人にとっての新しさ」を評価する数式です。

吉田　一方で、受け入れやすさも必要なわけですよね？

石川　はい。受け入れやすさはまたジャンルが違うんですけど、たとえば料理だったら人は何をおいしいと感じるのかとか、音楽だったら何が耳に心地よいと感じるのかってことの、ある基本ルールがあるんですよね。
吉田　はい。
石川　それにもとづいて、受け入れやすさ度合いをつくればいい。
吉田　受け入れやすさ度合いかぁ。たとえば音楽にしても食べ物にしても、今まで食べたことのあるものは受け入れやすいわけですよね。
石川　イチゴ大福の例でいえば、20世紀の日本人にとってはイチゴも大福もどっちも馴染みあるものなんですよね。でも、それを組み合わせたら新しくなった。流行もそういうところがあると思います。
吉田　確かに、文脈から圧倒的にぶっ飛んだものが流行することって考えにくいですよね。「いままで無意識だけど物足りないと思ってた！」というようなことを埋めてもらえたときに、ヒットが生まれている気がします。そうか、**不連続な流行ってないんだ！**

マスメディアで露出すればはやる時代は終わった

石川　まあでも、いずれも確率を上げる話なので、ヒットを出すことが商売の人からしたら、もうちょっと精度の高いルールを見つけたいですよね、きっと。

吉田　あとちょっとで見つけられそうな気もするんだけどなぁ……。でも、いわゆるヒットメーカーといわれる人たちのほとんどは、もう感覚的に実践しているような。

石川　先ほどお話しした「3つ以上のコミュニティに響くかどうか」というのは、スターティングポイントな気がします。まだ意外と知られていないんじゃないかな。で、その3つは全然違うコミュニティではなくて、たとえばある共通の知人を中心とした別々のコミュニティがいい。すなわち「中ぐらいのつながり」がいちばんよく伝播するという。

吉田　人は1回だけ何かをすすめられても、そんなに心動かないですもんね。でも違うコミュニティの人たちが同じものを褒めてたら、「お？」という気になって……と。ただ、一つだけ確かなのは、もうメディアが丸がかえしてがんがん露出を確保すればいい時代じゃない、ということなんだろうな。

石川　本当にその通りだと思いますね。男性を対象としたアンケートで「音楽の情報を何から得ていますか？」という設問回答の1位は、マスメディアじゃなくて「友達のおすすめ」でしたよ。それもひょっとしたら、友達のツイッターとかかもしれないですよね。

吉田　SNSがあるから、いっそう友達の意見を聞きやすい状況ができてるのかも。

多様性が生まれると困るのは誰だ？

吉田　みんながランキング1位に集中しなくなる時代って、ヒットは生まれづらいけど、いい時代だと思うんですよね。そのほうが人生のチャンスが増えると思うな。世間のレールから外れても終わりじゃない。むしろそれがチャンスというか、今ある社会のピラミッドとは別のピラミッドをつくることができるかもしれない。それくらいに考えちゃってもいいですよね？

石川　そういう別のピラミッドをつくられるといちばん困るのは、既存のレールに乗っかっている人たちですよね。今の社会の中で勝ち組と呼ばれるような人たち、**ランキング制度の上の方にいる人たちほど、多様性が生まれると困る。だからその人がちょっかい出してくるようになったら、いよいよ本物が生まれていると思ったほうがいい。「クール」って、要するに多様性のことなんです。**昔は「王道」があって、それに対して反抗する人が出てくる流れがありました。19世紀半ばくらいまでは「レールを思い切り外れてみる」みたいな反抗しかなかったけど、今は世の中に多様性が生まれて、いろんなクールが存在し始めた。これは人類としては進化である、と僕なんかは思います。

吉田　多様性って、格差社会とはまったく逆の話ですよね。世界の所得格差がこんなにも拡大していくことが問題とされているのは、「お金だけが資源」だとみんなが思い込まれされているからなんじゃないかな。お金という資源がないのなら、みんなが資源だと思っていないものを資源と考えられればいい、という気がするんです。多様性って、資源のバリエーションなんじゃないかと。つまり**「俺にとってはこれが価値」っていうふうに、個々人の欲望にバリエーションがあれば、社会にちょっとしかない資源を奪い合ってギスギスしながら競争しないで済む。**

石川　希少な資源をみんなで争う競争からの逸脱ですね。人生の基本は「競争」だと思い込まされてますよね。競争から抜け出そうと思うと、反抗になる。でも反抗はまだ競争にとらわれていて、競争、反抗の先にあるのが、しつこいようですが多様性だと思います。一部の勝者と大量の敗者じゃなくて、みんながそれぞれハッピーになれる方法を見つけていけばいいのかなと。

吉田　それが、多様性の本来の価値ですね！　「みんなちがって、みんないい」って安易に言うの大嫌いなんですけど、これだけちゃんと考えてからなら、言えます。

第6章

人生の幸せは科学で分解できる

「楽しい」は科学的にどういう状態か

吉田　みんな、「楽しいことが好き」って当たり前のように言うじゃないですか？　でも「楽しい」って、けっこういろいろありますよね。僕はちょっと前から「楽しい」って言葉が雑だなと思っていて。「没頭している」と「心地よい」の2種類くらいに分けなきゃいけないんじゃないかと。

石川　それは深すぎる問いです！

吉田　え、そうなんですか⁉

石川　実は**「楽しいとは何か？」という問いは、哲学的にも、科学的にもほとんどわかってないんですよ。**

吉田　なるほど、よくわかってないから雑ということもあるんですね。

石川　その一方で、**「幸せ」は昔からよく研究されていて、心理学的には3種類あるといわれています。それは「快楽」と「意味」と「没頭」**なんですよ。

吉田　ああやっぱり！　そうですよね。
石川　楽しさはわかりませんが、幸せについてはたぶん、この3つのバランスなんです。
吉田　快楽だけじゃ幸せになれないですよね。ものすごく当たり前のことを言いますけど、幸せとお金は連動していないと思う。仕事とか、自分がやったことに対する報酬って、ふつう「お金」ですよね。でもお金じゃなくてもいい。たとえば、ダイレクトに脳を刺激して快感物質を出すことができるとするなら、その刺激がそのまま報酬になるほうが、お金よりずーっとわかりやすいと思うんですよ。
石川　何かを「やる」というプロセス自体が報酬だったりしますよね。
吉田　そうなんです！　**没頭できたり熱中できたりすることが何かあれば、人生は楽しいから。**
石川　でも、人って、**どれだけ熱中していたことでも、やがて飽きがくる**んですよね。だからこそ、その飽きを乗り越えさえすれば、ずっと熱中していられるともいえます。そのためには**「自分がいったい何に飽きているのか」を正しく認識しないといけない。**
吉田　「飽きている自分」を分析するということ？
石川　はい。たとえば「飽きた」とは思っても、「何に飽きているか」は気づきにくいと思います。たとえば「怒ったぞ」っていうのと、「今、自分は何に対して怒りを感じているのか」っていうのは、まったく違う。後者は「メタ認知」といって、自分を斜め上から見るような感覚を持つということなんです。

吉田　「よく考えてるな」って思える瞬間には、そういうことがありますね。

石川　サッカー選手の本田圭佑さんが自分と対話することを「俺は自分の中のリトル本田に聞いた」と言っていたんですけど、自分を名字で呼ぶような人は、自分を客観視できているんじゃないでしょうか。

吉田　矢沢永吉さんも「俺はいいけどYAZAWAがなんて言うかな？」って言ったという伝説がありますね。

「人の笑顔を見るのがうれしい」？ ちょっと待て！

吉田　視点を変えてみる。そういうクセをつけると、また違うところがおもしろくなったりしますよね。最近久しぶりにコミュニケーションのことを考えてたんです。前の本（『なぜ、この人と話をすると楽になるのか』）を出したときのことなんですが、コミュニケーションを「自己表現」だと考えていると、日常的な人とのやりとりがやりづらくなるんですよ。でも、相手の話を聞くために質問するんだ、というふうに視点を変えて考えたら、コミュニケーションが途端にラクになった。「コミュニケーションは自己表現の手段として大事だ！」なんていう人もいますけど、そもそも「自己表現」「表現」って何だろう？　って感覚ありません？　昔から「自己表現」って、なんか気持ち悪いなって思っていて。

石川　ああ、わかりますね。

吉田　最初に「自己表現」を考えた人って、誰なんでしょうね？　「絵を描きたい」とかいう欲望はわかるんですよ。描いたものを褒めてほしい気持ちもわかる。でも、それって自己表現？

石川　確かに。

吉田　僕らも今、考えていることをバーッて出してますけど、「これは自分オリジナルの考えであって、世間の誰かに認めてもらいたいです！」って思いながらしゃべってたら、なんか気持ち悪いですよね。

石川　僕も、そこはまったく興味ないですね。**人様に評価してもらわないとうれしくないっていうのは、すごく不自由な状態だと思います。**

吉田　**自分の欲望に気づいていないから、他人の評価がほしくなるってことですよね、**きっと。

石川　まさにそう。「相手が喜んでくれたのがうれしい」って僕がいちばん共感できない表現です（笑）。

吉田　「人の笑顔を見るのがうれしい」とかも、「ちょっと待て!?」って思いますよね。

石川　うれしいとか悲しいってのは自分が決めるものであって、そんな大事な感情を人に預けていいのか、って。相手がうれしくなかったら自分もうれしくない、みたいな状態は何か違うと僕は思います。

吉田　**うれしいとか悲しいって、自分の生理で決めることですよね。意志や意識じゃなくて。**

石川　そうそう。**それを他人に委ねてんじゃねえ！　ってのは、信念として思います**（笑）。「でも人様が喜んでくれるのはいいことでしょう?」みたいに言ってくる人もいるけど、「いやいや、何言っちゃってんの?」って。

吉田　「みんながこれで喜んでくれるんだから、あなたもこれで喜びなさいよ」っていう押し付けにもなりえますよね。

石川　自分の感情を人に預けている人って、そんなの僕に言わせれば、自分の心臓を預けるようなもんです。「心臓、ちょっと持ってて」みたいな。

日本人は「空気を読む訓練」を受けている

吉田　以前、**「だって、『幸せそう』って思われたい」**って女性誌のコピーが話題になりましたよね。もう、ものすごいですよね。**他者に認識されないと自分の幸せが存在しないいってことでしょう？　ヒエラルキー闘争に勝った自分じゃないと満足いかないという。**

石川　評価軸を自分の外に置いてるんですよね。たとえば日本人の子育てを見ていると、まず人様に迷惑をかけないことが非常に重要であると教育されます。子どもがおもちゃの車を思いっきり投げると、「クルマが痛いって言ってるよ」って車の気持ちを代弁して注意する。

吉田　言われてみると確かに。日本人に限らず、ふつうに言いそうですけど。

石川　そういう言い方で注意するのは日本人くらいなんですよ。アメリカだと「おー、よく飛んだな」と褒められたりして（笑）。日本人はつねに「他者から見たときの自分の行為とは」、という視点で考えるよう訓練されてるんですね。それが空気を読むってことにもつながるし、その延長線上に自分の中に評価軸がない人、外部の評価軸で物事を判断する人が生まれていると僕は考えていて。だから「クルマが痛いって言っているよ」と叱るんじゃなくて、車を投げた子どもがどういう気持ち・感情でその行動を取ったのか、ということを親は考えたほうがいいんじゃないかな、と思うんです。

吉田　主体側の方を考えてないってことね。僕は子育てでいちばん大切なのは——そもそも「育てる」なんて概念があまりないんですけど——自分で生きていく力が身につく、あると信じられることだろう、と思うわけですよ。独立独歩でなんとかする。そう考えると、その子が生意気である状態って自分でなんとかできる、って思ってるわけだから、精神的にすごく健全だと思うんですよね。だから子どもは生意気でいいじゃん！というのが現時点での僕の結論なんですけど。

人は「幸せの先のばし」をしがちである

石川　**人って、つねに「幸せ」の先のばしをしている**ように思います。こういうもんが手に入れば幸せになるだろう、今の自分が満たされてないのはこれが足りないからだって、足りないものの埋め合わせをずっとやっている。でも、その先に残るのは虚しさだけなんじゃなかろうかと。**自分はどういう人間でありたいんだろう、ということを意識して普段から考えていないと、どんなに成功や栄光を手にしても幸せにはなれない。**

吉田　つまり、To be――**「こうなりたい」という欲望じゃなくて、自分がどのような状態でいたいか考えることが大事**なんじゃないですかね。たとえばプロ野球選手になったとして、なったあと、「つらい！　やめたい！」って毎日思っているとしたら、こんなにつまらないことはない。「毎日野球ができる！　楽しい！」って思えるため、というのが先にあるべきなんじゃないかと。だから社会的なポジションじゃなくて、どういう気持ちで過ごしたいかわかっていたほうがいいと思うんですよね。そう考えると、僕の人生の目標はやっぱり「ごきげん」なんですよ。石川さんはいろんな感情を味わうことで人生が深まるとおっしゃってましたけど、僕はやっぱり、ずーっとごきげんでいいんじゃないか、そこが到達点じゃないかって思うんです。

石川　感情が変わると思考パターンが変わるっていうのは、科学者ならではの発想かもしれないですね。この仕事においてはそういう発想法が大事なのですが、吉田さんのように自分がどんな感情をいだいて日々を過ごしていきたいのかってことも大事ですよね。

余暇の時間が増えて、暮らしはどう変わった？

石川　これから人工知能が発達して、人がどんどん暇になる時代がくる。そうすると今度は、「余った自由時間をいったい何に使うんだ」という議論になっていきます。
吉田　僕らはすでに、自分の手で水を汲んだり家を建てたりする必要もないですからね。昔の人たちから見たら「あいつら暇にもほどがある」って思われそう（笑）。
石川　古代ローマ人も奴隷がいっぱいいたんで、暇だったんですよ。彼らは一人の市民に対して15人くらい奴隷がいたんですね。で、暇になった当時は学問と政治をしたんです。
吉田　学問はわかりますけど、政治？
石川　究極的におもしろいのは、たぶん政治だと思いますよ。まあそれは置いといて……、いま世界は再びその時代に戻りつつある。人工知能が、かつての奴隷のようなはたらきをしてくれるからです。最近、「過去40年間で人の時間の使い方はどう変わったか」って研究を読んだんです。まずね、**仕事の時間は減ってました。**日本でも週休2日制になったし、家電の進化で**家事時間も圧倒的に減っている。**それら**duty（義務）の時間が減った代わりに、余暇の時間ができている。**
吉田　へぇえ！
石川　で、**余暇の時間は2つに分かれてるんです。一つはニュートラルな活動。**これは休んだりテレビを見たりすることですね。**もう一つはポジティブな活動。**こっちは遊んだり友達と会ったり学んだりということ。で、過去40年間を見ると、**現代は、仕事と同様にポ**

ジティブな時間も減っているんです。

吉田　え、ほんと!?　じゃあ、その代わりに増えているのは……。

石川　ダラダラしたり、テレビを見たり、といった**ニュートラルな時間がぐわっと増えている。**ただ、そうやっている本人たちも、「こんなふうにテレビ見てダラダラしているよりは、勉強したり友達と会ったりしたほうが本当は楽しいよな」とは思ってる。満足はしてないんだけど、行動に結びつかない。なぜなら目先のラクな欲望に飛びついてしまうから。これからもその傾向はどんどん加速していくはずです。

死ぬ間際に後悔する「もっと自分の欲望に忠実であればよかった」

石川　それとは別に「幸せに何が影響しているか」という研究もあります。「世界幸福度ランキング」で日本は51位（2017年現在）なんですよ。ちなみに幸福度が高いといわれるブータンは97位。

吉田　ブータンが低いのは意外！　フィンランドとかが1位ですか？

石川　いや、2017年はノルウェーです。上位には確かに北欧が入ってますけど。「幸せ」への影響力が強い要因を順にいうと、1位は「個人所得」です。所得の上昇は端的に幸福度と関係するんですよ。次の2位は「困ったときに助けてくれる人がいる」。
吉田　ああ、いい設定ですね。
石川　3位が「健康」。それで4位がおもしろいんですが、「**自分の人生を自由に選べるか**」。
吉田　はいはいはい。
石川　現代日本社会でいえば、理屈上はほとんどの人がイエスなはずなんですよ。でも実際にそう思ってる人は少ない。おそらく「牢屋の鍵は閉まっていないけど、牢屋にいる」って状況だからでしょうね。
吉田　うん、それはいえますね。**本当は自由であるはずなのに、どうして自由にやらないのか？**
石川　それは実は、「**今の自分の状態が嫌いじゃない」から**だと思うんです。人は本当に今の自分を嫌いにならないと、新しい一歩を踏み出さない。
吉田　そこを乗り越えないと「幸せ」は感じられないのか。**これからの時代で「幸せ」になるためにはどうしたらいいんだろう。**具体的にどんなスキルがあればいいと思いますか？
石川　うーん、一般化しづらいですが……個人的には「**自分の感情と向き合う力**」だと思います。たとえばテレビをぼーっと見ているときに、「あれ、いま自分どういう感情を感じているのかな？」って。

吉田　感情をモニタリングする力ってこと？

石川　そう、モニタリングする力。それで「この感情を自分は味わいたいのか？」と問わないといけない。そして「**自分の本当の欲望に忠実になること**」も必要だと思います。

吉田　本当の欲望。先の例でいえば、子どもがポーンって車を投げたい気持ち、ということですね。

石川　「もっと自分の欲望に忠実であればよかった」は、人が死ぬ間際に後悔することのトップ3にも入っています。

吉田　なるほどなあ。たとえば「本当に数千万を使って住宅ローン組みたかったのか？」とかね。

石川　そう、自分の内にあるいろんな欲望を比べなきゃいけない。夜に自由な時間があったら、勉強するのか、友達と酒を飲むのか、不倫するのか、家族と過ごすのか……。それらを冷静に比べる力が必要。僕の場合、やっぱり知識だったんです。女性、アルコールといったいろんな欲望と比較して、知識の欲望がいちばん強い。それに忠実である限り、今のところ非常に満足なんですよ。これはもう心底納得いってる。欲望って、自分の中の「軸」なんです。そこに自分で納得がいっているなら、人から何言われても気にならないはず。そういう「自分と向き合う」作業をしないと、目先の欲望に振り回されて生きることにな

ります。だから、**感情をモニタリングして欲望を発見し、それを忠実に追いかける力って**
いうのが、今の時代に重要なスキルじゃないでしょうか。

楽しくないことの中に、楽しさを見出す技術

吉田　今の話を聞いて、社会に「欲望という商品のバリエーション」が少ないんじゃないか、と思いました。欲望のバリエーションこそ多様性で、多様性が社会全体のハッピーにつながる。ですよね？

石川　ええ。いまスポーツの世界は、すごく多様化してハッピーになってきていますよ。10種競技しかない時代よりたくさん金メダルが生まれているし、為末大さんみたいに100mで無理だったら400mハードルに転向する道もある。そういうことが人生にもあったらいいですよね。

吉田　そう！　今の社会にまかりとおっている「みんなお金持ちになりたいって思っているでしょう？」って価値観は、何か違っている気がするんですよ。

石川　とりあえずお金を貯めれば安心できると思っても、それは本当に安心なのか？　もうちょっと言うと、自分が一日の生活、ひいては人生をどういうふうに送りたいのかイメ

ージできず、先のばしをしているだけじゃないか？　だから「とりあえず貯めとくか」になりがちかもしれません。

吉田　お金って、交換と保存と尺度ですもんね。僕は人生でひらめきたいし、人をびっくりさせたいんです。その瞬間がいちばんおもしろい。そこがはっきりしているので、やることが明確で毎日充実してます。けど、今の僕はニュートラル時間がほぼゼロなんですよね。それはそれでバランス悪いと思うんですけど。

石川　基本的に、人って楽しいことは進んでやるし、そこの欲望には気づきやすい。ただ、**楽しくないことの中に楽しめることを見出す技術も、人生には大事なんじゃないかな。そうすることで、自分の中に今までなかった欲望をどんどん見つけられるようになることもある。**

吉田　人に嫌われたり疎まれたりするのも、まぁあんまり気にしないほうがいいですよね。だって嫌われないことを第一義において行動しても、嫌われることって絶対あるから。

「とりあえず休みたい」は本当の欲望じゃない

吉田　日本人は「昔からこの道一筋、これしかやりません」みたいなのが好きですけど、欲望って複数あったほうがいいですよね？　一つの欲望がダメになったとき、「別にこっちもいける」となったほうがいいんじゃないかな。仮にそうだとすると、適切な欲望の数とかってあるんでしょうか。

石川　たぶん3つから5つくらいだと思います。

吉田　その数字はどこから出てきたんですか？

石川　**欲望が変わると、コミュニティも変わりますよね？**　だから何個の欲望をもてばいいのかって問いは、人は何個のコミュニティに所属するとちょうどいいのかという問いになると思ったんです。僕がこのあいだやった高齢者の研究では、なんのコミュニティにも所属していない人がいちばん早死にでした。で、1つ2つだとそれとあまり変わらなくて、3つ以上だと長生きになるんです。

吉田　じゃあ、5つとか10でもいい？

石川　多くてもいいんです。ただ、どれくらいの多さがいいのかって考えると、一流の科学者は専門分野を5つくらい持っているっていう研究結果がある。なので、3つから5つくらいが適切なのかなと僕個人は思います。

吉田　なるほど。じゃあそれら複数の欲望を開発する時間は、人生にいっぱいありますよね？

石川　はい。だから「今日という一日は欲望Aと欲望Bを満たそう」「そのためにこれをしよう」って意識するといいんじゃないかと思います。でも、これは恥ずかしながら僕自身のことなのですが、「疲れた」「もうやだ」っていうときに、「じゃあ何がしたいの？」と自分に尋ねると、「とりあえず休みたい」と答えることが圧倒的に多いんです。「これがしたい！」って即答するよりも。

吉田　でも石川さんも、ずっと休みたいわけじゃないでしょう。充分に疲れがとれたら次はどうします、ってことですよね。

石川　そうですね。正確に言うと、「自分の日々の生活において休むことがもっとも優先順位が高いんですか？　違うなら、じゃあ何ですか？」って聞くと、「考えたことがない」という状態がつい数年前までありました。考えてもたぶんわからないんじゃないかな。自分って何がしたいんだっけ、と考えて何も浮かばないってことは、「問いの設定自体が悪い」可能性がある。僕ら科学者はアイデアが浮かばないとき、だいたい問いの設定が悪いって考えるんです。

吉田　うん、わかります。

石川　問い――つまり考えるべき、振り返るべきなのは、「自分の感情」だと気づきました。疲れてるなら、何に対する疲れなんだろうとか。このイライラは何なんだろうとか。そこから考え始めて、「自分と向き合う力」を身につけていくしかない。**今自分に起きている現象にすら向き合えないと、「幸せ」を実感できないまま人生を終えてしまうことになる。**

住宅ローンを組むことは、自分と向き合う時間を減らすこと

吉田　人生80年くらいの時間はあっというまに食われちゃいますよね。だって住宅ローンを組んだら、「とりあえずお金を調達しなければ」って考える時間が、莫大に増えそうだし。

石川　住宅ローンって、自分と向き合う時間を減らす仕掛けですよね。「お金払わなきゃいけない」というアクティビティをしなきゃいけなくなるから。まあ「考える」って基本的に面倒くさいんで、そういう意味でも人はラクな方に流れてローンを組むのかもしれないですが。でも今の時代ならどこに住んでもいいし、そもそも家って必要なのか、何カ所で自分は生活したいのか……って発想もできるはずなのに。

吉田　毎日ホテルで暮らしたらいくらになる、って考えてもいいはずですよね。前に宇野常寛さんと対談したときも言ったんですが、僕はすべて自動運転のキャンピングカーができたら、そこに住んじゃうのがいちばんいいと思ってる。朝着いたらみんなが今日必要な場所にいる、っていう。

石川　それは僕もほしいです‼

吉田「石川さん、じゃあ明日の対談はアデレード（オーストラリア）でやりましょうか」ってことになっても行ける。そんな人生のほうが絶対にいい。

石川　本当は僕らみんな、明日アデレードに行けるんです。でも行けないと思っている。**鍵がかかっていない監獄みたいところにいる。それはなぜなんだ？ってことは、よーく考えたほうがいいですね。**

悪魔に魂を売らず、いい感じになる方法

石川　僕の場合は、人がよりよく生きるとは何なのか考えたくて、そのための知見を提供するのが自分のミッションだと考えています。そういうふうになると、いろいろなことがおもしろく思えてきますね。

吉田　僕はそんなに一足飛びに目的がわからなかったんですけど。今から考えると、虫や魚が好きな子どもがいるように、「メディア」が大好きな子どもだったんですよね。6歳ぐらいですでに新聞のスクラップブックとかつくるのに夢中になってましたし。で、僕はメディア大好きな子としてずっと育ってきて、メディアの世界に入って、アーティストが

ブレイクしていく瞬間を目の当たりにしたとき、「あ、世界って変わるんだ」って思ったんです。自分が変えられるかどうかはともかく、世界って変わるんだって感覚が如実にある。たぶん企業の社長って、みんなそう思っていると思うんですよ。例を挙げると、僕は森山直太朗くんとかなり早い段階からずっと仕事していて、「さくら」って曲ができたとき、目の前で歌ってくれたんですよ。そのときは「いい歌だね」で止まってたけど、その後ニッポン放送が直太朗くんに大きな仕事を頼んでやり遂げてくれたときに、本人は欲がないからそれっきりだったんですけど、あるディレクターが直太朗くんに「おまえ、ニッポン放送に大きな貸しがあるんだから編成局長のところにこの曲を持っていけよ」って持っていかせたところ、「このいい曲、ガンガンかけるよ!」って。それでバーンってかけたら、そこがいちばん始めのキックになって、有線チャートがガンと動いて、100万枚売れる大ヒットになったのを目の前で全部見ていたんです。100万枚のために直太朗くんが無理したり悪魔に魂を売ったりしたわけじゃないですよね。でもこのとき彼が局長に会いに行かなかったら、あの大ヒット曲はなかったかもしれない。**この世はちょっとしたきっかけで大きく変わる、と思えている**から僕は悪魔に魂を売らないでいい感じになる方法をずっと考えている。もちろん本人の実力もありますけど、ほんのちょっとのことで、物事が大きく変わる、って実感している。「**世界は変わる**」**と思えていることが、夢中でいられ**

るいちばん重要な点です。

がんばって何も変わらなくても、それはどうでもいい

石川　ある高名な科学者の晩年を支えた言葉に、「真実を見たという確信より、真実に自分は向かっているんだっていう気持ちのほうがよっぽど気高い」というのがあるんです。彼の先進的な研究は結局、理解されなかった。今になって彼が提案したことは正しかったってわかってきているんですけど。

吉田　レベルが違いすぎた？

石川　そう。当時は誰も理解できずに「あの人は終わった」とか言われてたんですよ。でも彼は真実に自分は向かっているんだ、そういう意思は、真実を理解したとか得たとかいう確信よりも強いと信じていた。だから結果として、別に世界が変わろうが変わるまいがどうでもよくて。

吉田　「変えようという意思がすごく大切」ってことですよね。

石川　僕は人生ってそういうことだと思うんです。結局、自分はどういう意思を信じるかが問題だと。自分がこのままがんばっていっても、真実に到達しないし世界も変わらない

かもしれない。けどそれはどうでもよくて、**向かっているんだという確信がある限り、自分は前に進んでいける。**

吉田　なるほど、試合中って感じですね。今の僕もそうで、「ラジオをなんとかしたい」っていうのがいちばんありますけど、もっと上位概念として、改善したい、何かをよくしたいという感情がある。改善する対象は何でもいいんです。ただ今の自分の立場と照らし合わせるとラジオなんだろうと。

石川　「改善」っておもしろい言葉ですよね。何がよいのかっていうのを、改めて考えるって言葉だから。

吉田　きっと「改善したい」とはみんな思っているはずなんですよ。でもビジョンとかがないから、声を出しづらいのかもしれない。

目的地が見えなくても、「いけそうじゃね？」という感覚を持つ

吉田　まあ、いきなり世界を変えたいって思っても、やっぱり無理なんですよ。

石川　何か自分なりの「武器」を手にしないと、声をあげづらいでしょうね。

吉田　そう。「改善したい！」「世界を変えるぜ！」って言うのは簡単。でも自分が世界を

変えることに具体的にどう関わっていけるのかと考えたら、「それならできる」って言える武器が必要ですよね。みんながそれぞれ違った武器と目標をもっている状態がいい。

石川　日々の目標設定をするときには、2つの考えがあると思ってるんです。一つはゴールと現在地が明確な場合。この場合はロジカルに物事を考えていくと設定できます。でもほとんどの場合、まず目標がふわっとしてよくわからないんですよ。そうなるともう、どこに向かってるかもわからず直感的に進んでいくしかない。

吉田　数学の図形問題で補助線をバーッて引くときも、考えてみれば直感ですよね？

石川　直感です。

吉田　じゃあ直感を磨くというか、**最終的にたどり着くべき目標はどこかわからないけど、「あ、それいけそうじゃね？」って感覚を持てることが重要**なんだと思う。

石川　数学者にとって大事だといわれるのが「そもそも自分はこの問題を解けるのか、解けないのか」ってことを直感的にわかる能力なんです。直感と論理ってシーソーみたいになっていて、直感が上がると論理が下がる。

吉田　そこは必ずトレードオフなんですか？　僕は完全に論理が弱いですね。毎日ほぼ直感で生きている気がするな。

石川　でも、誰しも問いをつくるときは直感なんですよ。それを解いていくときは論理が必要になります。

世界を変えるために身のまわり30㎝を変えていくとする。そういうときは全然関係ないことをやるといいんですよ。

石川　たとえば**現在地とゴールが明確になっても、邪魔なものがあってゴールに行けないとする。そういうときは全然関係ないことをやるといいんですよ。**そしたら、「あれ、実はこれとこれつながってない？」って迂回して解けることがあるんです。ロジックで進めないときは寄り道せよ、と。それが結果として近道になることもある。かつて数学界最大の難問といわれていた「フェルマーの最終定理」もそうやって解かれたんですよ。あれを証明したのはアンドリュー・ワイルズという数学者なのですが、彼はもともとフェルマーの最終定理を解きたかったけど、その分野だと食っていけなかった。だから楕円曲線という、フェルマーの最終定理とは関係ないものを研究して、そっちの分野で世界的な第一人者になったんですね。そしたらある日、「あれ、楕円曲線とフェルマーの最終定理、実はつながってる！　じゃあ解けるんじゃねーか⁉」というひらめきがあって、それまで「たぶんこっちだろう」と思われていたのとはまったく別のルートから証明できたんです。つまり、違う道に進んだつもりが、実はいちばんの近道だったという（図C）。

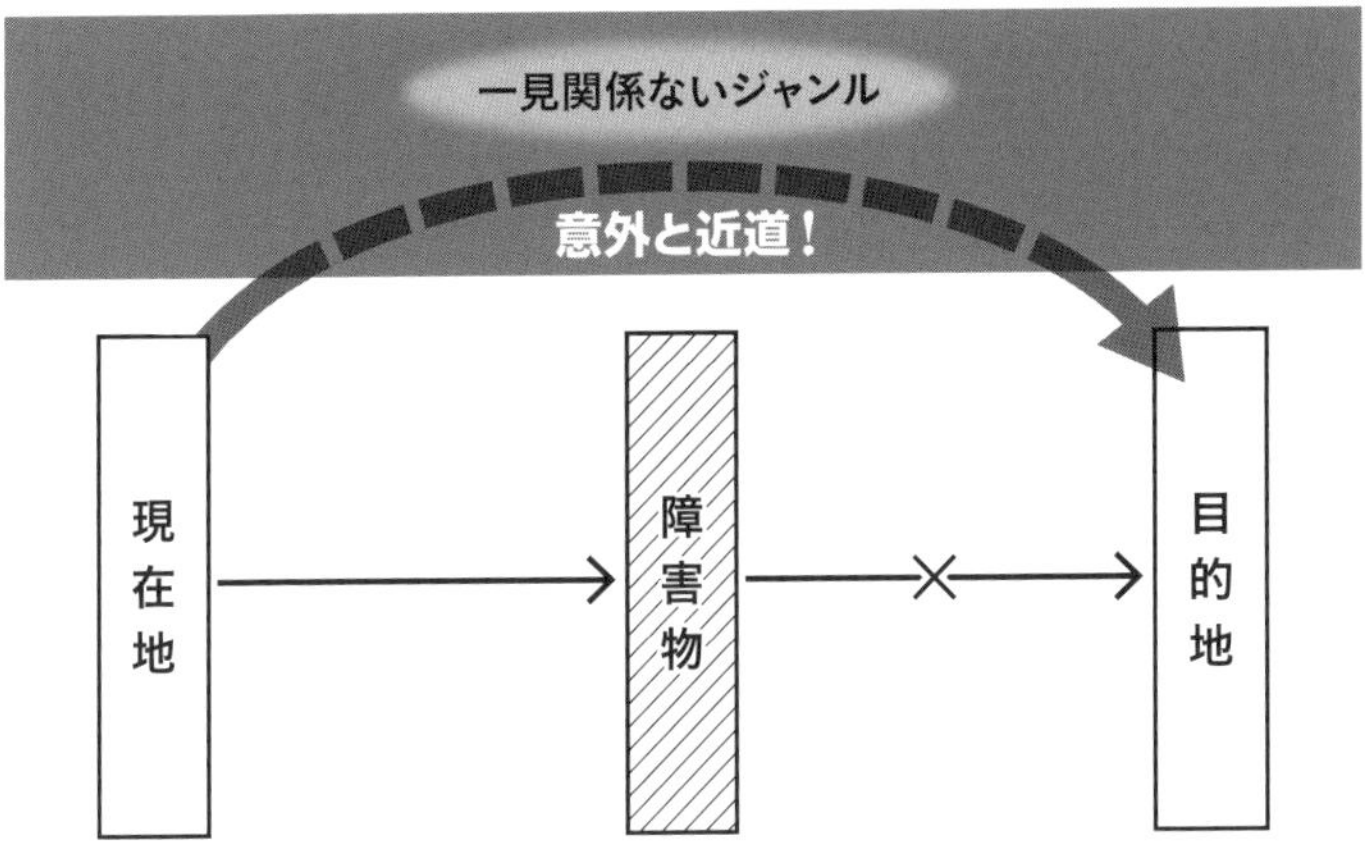

［図C］ 現在地と目的地のあいだに障害物があるときは“全然関係ないこと”をやると迂回して着けることがあり、結果として近道になることもある

吉田　おお！　これおもしれえなってどんどん進んでいったら、フェルマーの最終定理にたどり着いたってことなんだ。

石川　周囲からは「え、全然違うとこ行ってるんじゃないですか？」って見えることが、実はつながっていた。

吉田　ミクロな変化がマクロな変化につながっていくこともありますよね。たとえば社会をよくするって話になったときって、だいたい選挙に出てルールを変えようとしたりするじゃないですか。でも、変え方はそれだけじゃない。身のまわり半径30㎝を変えるだけでも変わるでしょう。そういう知恵を導入していったら、結果的に世界全体がよくなっていく可能性はあるなぁって思っています。

石川　「世界を変えようと思うなら自分が変わればいい」って言葉があるんですけど、自分が変わると世界は勝手に変わりますよね。自分の視点が変わる瞬間がおもしろくなるから。

宝探しの気分でやれば、つまんなさも楽しめる

吉田　本を読んでいるときもそう。宝探し気分で読んでいると全然退屈しないし、疲れない。つまんない本も「なんでつまんないんだろう？」って考えるとおもしろくなります。なんでもそういう宝探し気分でやったほうがいいですよね。

石川　じゃないと、好奇心って続きにくいんです。勉強しよう、理解しようと思って読むのは、単なるガマン大会になっちゃうんで。

吉田　じゃあ「理解しよう」としなくていいってこと？

石川　……いや、それはしたほうがいい（笑）。ある程度「理解する」って修業をした人だけが、そういうことをやっていいんだと思います。

吉田　理解するって修業をした人？

石川　何事にもやっぱり「型」があるんです。吉田さんもアナウンサーとして新人の頃は、

落語のしゃべり方という型を外して、アナウンサーとしてのしゃべり方を身につける必要がありましたよね。

吉田　そうそう、ありました。

石川　そこからだんだん早口になったりして「型」から離れることで、自分らしさを身につけるわけじゃないですか。ちなみに僕、最近は論文じゃなくて教科書を読んでるんです。教科書も型なんですよ。僕も定期的に教科書を読み返して何がベースなんだろうって確認するんです。教科書、楽しいですよ。自分の中でベースと思っていることが書いてあるとうれしくなるし、正しいんだなと思えるようになる。全然違っても、それはそれで楽しい。

最弱ビジネスパーソンなりの戦い方

石川　以前『∞（むげん）プチプチ』の開発者・高橋晋平さんと対談したことがあるんですけど、あの人って最弱のビジネスパーソンなんですよ。ちっちゃい頃からいじめられてきて、体も弱くて。おもちゃの企画を考える仕事に就いても、会社のえらい人や取引先の怖い人の前だと緊張しちゃってたそうなんですね。

吉田　激弱ですね。

石川　しかもプチプチが大ヒットしたあと、体を壊して1年半くらい休んでたんですよ。で、彼はそれから初対面でもう、仲よくなれそうかどうかを見極めるようにしたそうなんです。仲よくなれそうな人なら、話は弾むし、そうじゃない場合は自分の人生で重要性を持たないと考えて、遠慮なく話すことができるんだ、と。

吉田　どっちにしても相手に意見を言えるようになる。

石川　そう。でもそう判断するようにしたら確かに、ビビらなくなりますよね。彼は高校まではずっといじめられっ子で、不良にカツアゲとかもされてたそうなんです。いじめっ子に対しても「仲よくしてよ」と思っていたのかもしれませんね。

吉田　みんなと仲よくなんかできない、って気づいたんだ。

石川　一生の友達と、そうでない人。その2種類しかいないんだと思うことができたら、すべてがラクになってくるはずですよね。最弱な戦い方なのかもしれないけど、そういう工夫っておもしろいなって思ったんですね。そういうのを一個一個発見していくのがまさに人生なんだと思う。

吉田　うん、その人なりのってことですよね。たぶん「型」を微修正していくことなんでしょうね。

40代にならないと、本当に何がやりたいかはわからない

吉田　その高橋さんの話もそうですけど、結局、**自分の感覚、直感に従ったときのほうが結果がいいし、納得いくんですよね。でもそのためには、自分がやりたいことは何かを言語化させる必要も出てくるわけで。**

石川　それは本当に難しいんですよ。たとえば、日本人のノーベル賞受賞者のデータを最近見てみたんですけど、ノーベル賞をとるコアとなる研究を始める年齢って、だいたい39とか40なんですよ。

吉田　え、意外と遅いんですね。

石川　アインシュタインの頃は学問が進んでなかったので若かったんですけど、今はたぶんそれくらいが普通なんですよね。つまり40くらいにならないと、本当に何がやりたいかってことはわからない。

吉田　その人が？

石川　うん。**40歳くらいに志のきっかけみたいなのが見えてきて、50歳くらいでようやく決心が固まる**んだと思うんですね。別の例を出しましょうか。たとえばシリコンバレーの

起業家っていうと、若者が学校を中退して、Facebookを起業してイエーイ！ みたいなイメージありますよね。でも実際にシリコンバレーの投資家に話を聞くと、「若者の起業なんて死屍累々だよ？ 実際は50代くらいのスキルも経験も人脈もあるおじさんが起業したほうがよっぽど成功率高くて、実はそこにアメリカの投資家は金を出してるんだ」って。

吉田　50代の起業は成功率は低くない？

石川　そのほうがむしろヒット率は高いと。

吉田　まあ言われてみりゃその通りですよね。ある生命保険会社のＣＥＯも起業に適した時期は50歳くらいって、言ってたんですよ。生命保険会社の人っぽい発言だなと思ったんですけど、人生の折り返し地点を50歳くらいとして、そのくらいの年齢までに積み重ねた経験があると、さまざまなリスクを計算できるようになっているはずだと。だから50歳くらいの時期が、もっとも起業に適している、と言っていましたね。

石川　そう、そんなもんなんだろうなと思ったんですよ。ようやく50歳くらいで決心が起《た》つ。その兆しが40歳くらいから見え始める、自分が何したいかなんて、それくらいわかんないですよ。

どんなにＡＩが進化しても、外国語は勉強しといたほうがいい

吉田　僕、今までは「死」とか「老後」とかまるっきり考えなかったんです。けど昨年40歳になってから、チラチラ考えるようになった。このまま一生やらずに死ぬことっていっぱいあるんだなあって。けさもふと、もしかしたらこのまま英語ペラペラって状態にはならずに死ぬかなって思いましたね。うちは弟やオヤジは英語ペラペラなんで、自分も当然そうなると思ってたんです。でもまったくそうならなかった。最近は自動翻訳アプリとかがすごいから、もう勉強する必要ないのかな？

石川　ＡＩが発達したら、たぶんリアルタイムで自動翻訳してくれますよ。もうすでにけっこうあるみたいですが。僕もこれから生きていくうえで英語力って必要あるのか、もういらないんじゃないのか？って、つい最近考えたんですよ。でも結論としてはやっぱり必要だな、と思った。これからはコミュニケーション以外の目的のために、外国語を勉強する必要がある。

吉田　あ、その理由わかる気がします。**「言語セット」が違うと、世の中に対する感受性が全然違うふうになるんじゃないかなと思うんです。**他の言語で思考してみると、一個の

言語セットで考えてどうしても詰んでしまうとき、「別のセットに丸ごと入れ替えてみようかな」って視点が持てるんじゃないかなと。だから何語でもいいんだろうけど。
石川　おっしゃるとおり。**苦手な外国語で考えたほうがいいんですよ。言葉でごまかせないから、物事を本質的にシンプルに考えられる。**そういうふうに考えるために外国語を勉強するのは絶対に必要ですよ。でも勉強しすぎてはいかんってことなんです。
吉田　外国語で精緻で精妙な言い方をできるようになる必要はない？
石川　ない。ちょっとでいい。でも、そもそも「21世紀の社会を生きる子どもたちはいったい誰と話すんだ？」と考えたとき、機械と話す時間が増えるだろうと思ったんです。あまりにもゆっくり起きた変化なのでみんな気づいてないですけど、僕らはすでに人と会って顔を見るより、機械を見ている時間のほうが長いですからね。
吉田　仕事もそうだ。メールやＬＩＮＥでやり取りしてる時間のほうが長いですよね。今つき合い始めた高校生カップルとか、実際に会う時間よりＬＩＮＥしてる時間のほうが絶対長い。
石川　そう。ケータイとかテレビとかパソコンとか、もう画面を見ている時間、機械と向き合っている時間のほうがよっぽど長くなっちゃう。で、今は見つめ合ってるだけですけど、次はいよいよしゃべり始めますからね。そうなると、その機械とうまく話をするっていうのがすごく大事になるかもしれません。たとえば、きれいな日本語をしゃべるより、機械が英語に翻訳しやすい日本語を話すことのほうが重要になるとか。

生きる意味より死なない理由を探せばいい

石川　最終的に、人がなぜ創造するのかっていうと、多様性を生み出すためです。多様なものを生み出して……その先に何があるのかはもう、わかんないですよね。その先を問うのはあまり意味がないと思う。多様な状態のほうが平和だし争いがないから。じゃあ平和の先に何があるのかっていうと、わかんないですね。どうせいつか宇宙は滅びるんで。ビッグクランチっていって、キュッと収縮して終わるんです。

吉田　「熱的死《ねってきし》」っていいますよね。

石川　「最後はどうせ終わるんだから、正直何をしても意味がないよね？」って言われたら、確かに意味はないと思うんです。そういう意味でいうと、生きることにはあんまり意味がないのかもしれない。

吉田　昔、ある映画監督が「意味があるとかないとかの問いはともかく、生きることの意味がないかは、とりあえず生きてみないとわからない」っていう意味合いのことを言っていました。ああそうだなあって。

石川　深いですねー！　逆の立場から考えると、**生きる意味より死なない理由のほうがよっぽど大事な気もします。**生きる意味がないなら、死なない理由をつくるしかないんです。別に死んでもいいわけですから。人間には死ぬって選択肢があって、ほとんどの人はそれを選ばない。最終的には死なない理由を探すしかない、生きる意味はたぶんないからというのがカミュの考えですね。

吉田　生きる「意味」はたぶんない。でも「ない」を前提で考えれば、何だって大丈夫な気がしてきますよね？

石川　「生の意味なんてないと思って生きてごらんよ、どうだい？」っていうのが仏教ですからね（笑）。僕は仏教系の学校にいたので、そういう感覚が自然に受け入れられるのかもしれません。家に帰っても奥さんはいないだろうって認識で日々生きてますし。今日一緒に働いている人は明日いないかもしれない、ってつねに思ってますね。そうすると、ちゃんと接しようっていう気になるかっていうと、そうはならないんですね。おもしろいことに。なんでかっていうと、今日がんばりすぎると、疲れちゃうんから。だから、あるがままでいいじゃないかって結論に落ち着く気がします。

吉田　うん、がんばらない、と。

石川　だから最終的に「科学的に見ると人生って何ですか？」って問いの答えは、「ない」かもしれません（笑）。

第７章

「幸せに生きる方法」が見えてきた！

人類でもっとも楽しむのがうまいのは「オタク」だ！

吉田　では、最後はいよいよ「**どうしたら幸せになれるか？」という問いの具体的な解答を考えてみませんか。**

石川　ちょっと遠回りですけど、その問いを考えるためにまず、人類の知能の発達について話させてください。実は人類の平均ＩＱ（知能指数）ってけっこう上がってるんですよ。１００年前の人たちのＩＱを現代の基準で判断すると、だいたい70ぐらい。今なら知的障害に分類されるかどうかという数値なんです。

吉田　え！　ここ１００年で上がり続けてるんですか？

石川　そうなんです。ＩＱにもいろんな項目があるんですが、特に「分類」と「抽象化」の２項目が目立って伸びている。

吉田　それは……具体的にどういう能力なんでしょう。

石川　たとえば、「犬・猫・稲を２つのグループに分類せよ」という問題が出たら、吉田さんはどう答えます？

吉田　普通に考えたら「犬・猫」／「稲」ですよね。「動物」と「そうでないもの」。

石川　当然そう考えますよね。でも100年前の人はおそらく、その分け方ができなかった。そもそも「犬と猫は、動物である」という思考——「抽象化」ができなかったんです。

吉田　そうか！　確かにそういう抽象化ができないと、分類もできないですもんね。

石川　そうなんです。最近の100年で、人類は抽象化と分類がすごく得意になった。それともう一つ格段に向上した知的能力が、「想像上の出来事（仮定）を真剣に受けとめること」。これはどういうことかというと、「もしも自分が××だったら」という仮定を前提に思考する能力のこと。社会が複雑化するにつれ、この3つの思考習慣がどんどん発達していったわけです。ここで「どうしたら幸せに生きられるか？」という問いに戻りますと、100年前は年1〜2回の祭りくらいが「楽しみ」だったんです。でも社会が複雑化した今は、楽しみのバリエーションが無限にある。

吉田　だから「自分は何を楽しいと思うのか？」を各自で見つけなきゃならない……。

石川　それぞれ自分の「祭り」を見つけなきゃいけないわけですよね。で、**自分が何をしているときが楽しいか理解するには、過去の楽しかった経験を「分類」して、それを「抽象化」する作業が必要です。**たとえば、学生時代に楽しかったことを分類してみたときに、あらためてそれらを眺めると、「あー、もしかしたら自分はこういうことが楽しいのかもしれない」と抽象化できると、次に進めますよね。

吉田 じゃあ「自分は何が楽しいかよくわからない」って人は、抽象化と分類ができていない？

石川 そうなりますね。

吉田 ①抽象化、②分類、③想像上の出来事を真剣に考える……。あ！　これって全部、いわゆる「オタク」がやってることじゃないですか！　現代でもっとも楽しむことがうまいのは「オタク」なんですよ！　僕はまさにオタクの一人なのですが、オタク趣味のなかでいちばん濃いところにいくと、18禁ゲームってものがあります。そのユーザーって、女の子の実物を全然知らなくても、「どうも自分はこういう存在に興奮するらしい」という高度な抽象化を行えたりするんです（笑）。さらに、そのなかでも「どうも自分は巨乳の女性に興奮するらしい」「年上の女性にばかり惹かれる」、といったさまざまなニーズに対応して、そういうキャラクターばかりが登場するタイトルも存在します。なかには「NTR」なんてジャンルも……。ご存じですか？　「寝取られ」の頭文字なのですが、相手の女性が自分以外の男性と関係を持っていることがたまらない、という人もいるんですよね。——これ、すごい「分類」じゃないですか？　そしてもともとは邪《よこしま》な気持ちで18禁ゲームをやっていても、やがて真剣にキャラクターに愛着をもつようになる。たとえばあるキャラクターが「ここでこの選択肢を選ぶと死んでしまう」と知ったあとは、あまりの悲しみに二度目のプレイでは決してその選択肢を選ぶことができなくなってしまったりするんですよ！　これこそまさに、「想像上の出来事を真剣に考える」ですよね。一見笑い話みたいですが、性癖って自分で選べませんからね。自分の感性に正直に向き合った人だけが、そういうゲームを楽しめるんですよ。これは、あるアニメの宣伝プロデューサーが、アニメファンを見て言ったことですが、「あの人たちは、楽しむ天才なんです」。

石川　オタクの人たちって、理屈じゃなく感情の世界で生きてるんですよね。

吉田　「これが好き」とか「あれは嫌い」とか、作品に向き合って自分の感情をモニタリングしますもんね。ま、理屈ももちろん好きなんですけど。いや、「理屈」が感情的に好きなのかな……！　めんどくさくてすいません（笑）。

石川　好き嫌いの感情で物事を処理すると、「分類」がめちゃくちゃ早くなるんですよ。つまり自分にとって必要なものを見つけるのが早くなる。分厚い本のページをめくっても好きなものだけ素早く見つけられるような力がついてくる、というような。

吉田　そうしたら、楽しいことは間違いないですね。

石川　でもなかなか**自分の感情と向き合うのは難しくて、むしろ無視するほうが多い。そ**

んなことを続けると「自分は何が好きなのか」「何が楽しいのか」わからなくなっちゃうんだと思います。

好きなことだけやっていると行きづまる

石川　ただ、そういうオタク的な在り方を追求すればそれでＯＫ！とも言い切れない。「好き」が強すぎて、それだけで突っ走っちゃうのは、長い目で見ると、たぶん損なんです。

吉田　え、損なんですか？

石川　**「自分に都合のいい情報を集めがち」というのは人間全般にとって最大級のバイアスなのですが、それだと成長につながらない**んですよね。

吉田　ああ！「学び」のときにお話しした「複数の専門分野をもつべき」って話とつながりそうですね。

石川　僕ら科学者は「嫌いなこと、苦手なことを意識して取り組め」ってトレーニングされるんです。好きな分野だけをやっているとタコ壺に入っちゃうから。だいぶ異なる業界ですが、ワインのソムリエも同じだそうですよ。最初は好きなワインだけ飲んでいてもいいけれど、勉強するフェーズに入ったら、好きじゃないワインも飲まなくちゃいけない。

でも、その過程で「あ、こういう味も意外と好きかも」と発見することもある。それができると、見える風景がぐんと広がる。だから**「自分はこれが好きなんだ」という決断は後まわしにして、あれこれ回り道するほうが得なんじゃないかと。**

人生の方向性を決めるのは50歳くらいでいいんじゃないか

吉田　それは職業選択とか、生き方に大きくかかわってくる話ですね。

石川　どの時点で「自分の人生」を歩み始めるのかは「決め」の問題だと思いますが、僕は50歳ぐらいからでいいと思っています。人生、長いんで。50までは好きなこと、嫌いなこと、どうでもいいこと、いろいろやって幅を広げる。で、50で初めて「コネクティング・ザ・ドット」をすればいいんじゃないかと。

吉田　「コネクティング・ザ・ドット」？

石川　「点（ドット）」を、つなげる（コネクト）。自分の人生をふり返って、個々に存在している興味関心（ドット）をつなげてみる。

吉田　なるほど。いずれ必ずつながるから、まずはドットを増やしたほうがいい。50歳くらいになったら、ドットを増やすのはもういいんじゃね？　ってことですね。

石川　そうです。増やしていくばかりだと結局、回収しきれないので。
吉田　伏線を回収しないで終わる人生……（笑）。

「予想不可能性」をもっと楽しもう

石川　ときどき「石川さんの本、よかったです」「講演、よかったです」って言っていただけるんですが、「どこがよかったですか？」と聞くと、「僕が考えてたことと同じだったので！」って返されることがままあって。それだと意味ないんじゃ……（笑）。
吉田　みんな「同じもの」を見たがってるなと僕も感じますね。なんというか、間のびした空気ですよね。
石川　同じものを見つけて喜んでいるところに「学び」はない気がしますよね。
吉田　イベント企画とかでも顕著ですよ。僕はいま、アイドルとロックバンドと声優が全部一緒に出演するごった煮みたいなイベントをいちばん見てみたいのですが、そういう新しいタイプのイベントって、まったく人が入らない。逆に、声優だけしか出ないとか、アイドルだけしか出ないイベントのほうが人は入るし、さらにワンマンライブのほうが入る。みんな同じものばかり見たがっているから。

石川　「同じものを見たい欲望」って、人間の発達でいうと、赤ちゃんから幼児の時期なんですよ。世界が予測可能である、思ったとおりになるのが楽しい。だから同じことを何回も何回もやるんです。「高い高い」とかもそうですね。でも小学2~3年ぐらいになると、自分が思っていたことと違うことのほうがおもしろくなる。世界が予測可能であることがつまんなくなってくるんです。

吉田　ああ、手品とかに食いつくのもそのくらいの年齢ですよね。「こうなるだろう」と予測していたのが全然違うところにいくと、「なんで!?」って食いついてくる。その次のステージはどうなるんですか？

石川　30歳を過ぎるくらいになると、今度は世界が予測可能であってほしいと思うようになります。

吉田　守りに入るんだ。安心・安全を求めにいく心理かな。じゃあ何か新しいものに触れて、どっぷり染まることができるのって、10代だけなのかもしれないですね。最近どこかで「音楽を好きになるのは10代のときだけ」って記事を読んだのですが、先日のポール・マッカトニーの来日公演の客層を見たら深く納得しました。あの公演に足を運んだメインの客層は60~70代。つまり10代の頃にビートルズを聴いていた世代なんですよね。

吉田　ちょっと話を戻しましょうか。好きなことばっかりやっていると損だとして、じゃあ「好きなもの」と「苦手なもの」はどうミックスしていくのがベストなんでしょう？

石川　好きなことは自然とやるから、意識上で努力するのは「嫌いなものにどれだけ触れるか」かと。

吉田　確かにそうですね！　嫌いなことをあえて……ってほどではないですが、ラジオパーソナリティになったとき「同じことはするな」って言われたんですよ。たとえば、ちょっと立ち寄るカフェとかでも、毎回違う店にする。たとえばスタバとふる〜い喫茶店が並んでいたら、多くの人は入ったことがあるスタバに入ると思うんです。でもそこで初めての喫茶店のほうを選ぶ。そういう意思決定を意識しろとトレーニングを受けて、1年を通して毎回違う店に入っていた時期がありました。コンビニも変える。行きと違う道を帰る、とか。

石川　そういう選択を重ねていくと、絶対に何かしらの発見がありますからね。

吉田　そうそう！　**苦手なことや嫌なことをやって失敗しても、一発アウトで死ぬことっ**

てないじゃないですか（笑）。せっかく安全な時代を生きているんだから、変わったことをやって知見をためたほうがいい。むしろ安全・安心な道だけ歩いていると閉塞しちゃいますよ。そもそも得意なことなんて1～2個しかないのが普通なんじゃないかな。そう考えると、世の中のほとんどは「不得意なこと」なのかもしれない。ちなみにアドラー心理学では、「この世に失敗、というものはなく、うまくいかないことを学ぶだけだ」と言ったりします。おお、なんか**「幸せに生きる方法」を一般化できる気がしてきましたよ？得意なことチャート式でいけるんじゃないでしょうか。①まず「好き」をベースとして、得意なことを一つ見つける。②ある程度まで「得意」で進んだら、不得意なことをやってみる。**

石川　なるほど。「得意なこと」がどのくらいのレベルに達しているか把握するには、「身近な人に認められる」という指標があるといいかもしれません。何をやるんであれ、まずは身近な仲間から認められないと仕方ない。

吉田　そうそう。まずはクラスの友達や身近な同僚から。そこをクリアできていないなら、まだまだということで。

石川　その次は「業界から認められる」。さらに次は「別の業界から認められる」。そこまでいけば、ほっといても大量の物事が入ってくるようになる。苦手なことも得意なことも。

武器になるのは専門性より「無知さ」

吉田　ところで、僕は幼いときから仲間内で「変な奴」って思われてたらしいんですが、アナウンサー業界でも「変な奴」になり、最近はついに違う業界からも「変な人」と思われるようになった（笑）。僕はきっと、元来周囲から予測不可能と思われている人間みたいです。でも意識してそうしてるわけじゃないんですよ。自分としてはたんに興味あることにぐわーって邁進しているだけで。

石川　僕も端っこに行きがちというか……。やっぱり真ん中は輝いて見えるから、多くの人はその業界の中心に行きたがる。でも僕はつい「みんながこっち行くんなら、別な方に行ってやろう」って思っちゃって。でも業界の際《きわ》にいると、別業界から「こっち来る?」って声をかけてもらえるんです。で、いろんな業界を行ったり来たりすることになる。

吉田　僕も業界の中心には行けないです。

石川　お互い「王の道」を歩むタイプではないですね。

吉田　「王の道」を歩む人たちから「おまえのやってることは邪道だ!」ってよく言われます。1ミリも傷つかないのですが（笑）、王道じゃなくて何がいけないんだろう?

石川　それはおそらく「専門性をもつことが素晴らしい」といった価値観に由来する部分もある気がしますが、**専門性に頼るとけっこう早く限界がくると思うんです。それよりも「無知」で挑んだほうが強い。**「無知である」ことを武器にしていればどこまでも広げていける。これからの時代は、専門性の追求より、究極のジェネラリストを目指す生き方のほうが長くもつと思います。ただ本当に無知すぎるのもダメなので（笑）、何か自分の中に1本の軸があったほうがいいんでしょうが。

人生を支えるコンセプトはあるか

石川　僕の後輩で、野心の塊みたいな男がいるんですよ。Aくんとしましょう。彼はいまイギリスにいるのですが、サー（Sir：イギリスの勲位）を目指していて。

吉田　サーに（笑）!?　うわ、素晴らしいですね！

石川　関西出身の100%日本人なのですが（笑）。どうしてなりたいのかとか、なってどうするのとか、特にないんですよ。

吉田　理由がないってとこがまた、おもしろい人ですね。

石川　彼は人生における決断をすべて「これはサーになることにつながるかどうか」で選

択している。オックスフォード大学に行って、ゴルフ部に入って……っていう行動の一つひとつがすべて「サーになるため」なんです。

吉田　つまり「人生を支えるコンセプト」を持ってる人なんだろうなあ。自分にとって大事なコンセプトのためなら、大変なこともがんばれますよね。Aさんも、「サーになるため」なら厳しい修練もつらくないのでは。

石川　「大きなもの」に向かってるときって、人は幸せですよね。「自分を超えているもの」に向かう行為はすごくやりがいがあるから。

吉田　**その人なりのコンセプトがあったほうが生きやすい、**と。コンセプトの立て方もいろいろありますよね。サーになりたいAくんみたいな目的追求型もいれば、「これをやっているときが最高に楽しい」を追求するオタク型もある。

石川　目的追求型はナンバーワンになる生き方、オタク型はオンリーワンになる生き方か、と言い換えられるかもしれないですね。ではナンバーワンにもオンリーワンにもコミットできない人たちはどうしたらいいのか。

吉田　「何かになる」はできなくても、「なるまでのプロセス」が楽しければいいんじゃないですか。「楽しい」を感じられる人が何百万人もいる社会は絶対にいい社会だと思うし。

石川　ところで、「PDCA（Plan/Do/Check/Act）」ってあるじゃないですか。あれでいちばん難しいのって、何だと思います？

吉田　プラン？

石川　チェックリストをつくること、だと思ってます。チェックリストさえつくれたら、次に向けてのアクションがわかるしプランニングもできる。で、このPDCAって、ビジネスの話だけではなくて、自分が幸せに生きるための方法論としても使えるわけです。たとえば第2章で「感情のチェックリスト」の話をしましたが、たくさんあればいいと思うのですが、意外とおろそかにしてますよね。

吉田　なんで持たないいんだろ？

石川　**「幸せに生きること」には、実はみんなそんなに関心ないからだと思います。関心があるのは「今日という一日をとりあえずやり過ごすこと」。**だから仕事のTo doリストはつくるけど、To Checkリストはつくらない。

戒名を決めると大事なことが見えてくる

吉田　**コンセプトって、「戒名」とも言えるかもしれない。**みうらじゅんさんが「太く長く生きるために大事なことは、戒名を自分で決めること」「戒名とは自分のキャッチコピー」

って言っていて（『正しい保健体育　ポケット版』みうらじゅん／文春文庫）。みうらさんは「やさしくて セックス大好き みうらじゅん」と決まってるそうです（笑）。

石川　サーのAくんも墓碑銘を決めたんですよ。「サーを愛し、サーに愛された男。サー・A」（笑）。本人も「それいいですね」って満足そうでした。そういうふうに、墓に何と書かれるか、戒名をどうするか逆算するのっていいですね。みんな履歴書の経歴に何を書くかを悩むけど、履歴書に書くことなんて、たいてい墓には書かない。

吉田　僕は何だろう？　「おもしろがってた人ここに眠る」とか書いてあってほしいかな。

石川　ごきげんなおしゃべりさんとか、どうですか（笑）。

吉田　ごきげんなおしゃべりさん（笑）。「しゃべり足りてなかった人ここに眠る」ぐらいがいいなあ。あ！　墓碑銘って、ブログタイトルみたいなもんかもしれませんね。Aさんのブログは「サーになる日記」に違いない！

石川　確かに。でも**一生のテーマを決めようとか考えると決めにくいから、とりあえず「今月のテーマ」とかでいいんじゃないかな。コンセプトなんて決めの問題なんだから、とにかくつくっちゃったほうがいい。そうでないと本来的に人は自分が見たいものばかりを見て自分に都合のいい情報ばかりを集めてしまう。**だからこそそのバイアスを取り除くためにも、夢、目標、志、チェックポイントといったものを持っておいたほうがいい。それ以外にバイアスを取る方法って、なかなかないんですよね。

吉田　それなんですよ！　僕は「夢」って言葉を安易に使うのが大嫌いだったんです。自分にとって都合のいい欲望を持つことがなぜ、きれいごととして検証を経ずに、まるで全員が合意しているかのように言われる。でも実現するべきビジョンが素晴らしいから「夢を持つ」必要があるわけじゃなくて、高い目標があると目の前のどうでもいいことが意味を持ち始める。**将来のために夢を持つんじゃなくて、「今、ここ」の意味を増すために、夢を持つ必要があるんですよね。**あと「夢」って自分と向き合う、自分の中を掘ってゆくことでしか現れないから、相当予測不可能なものであることが多いと思うんですよ。実現可能性も実はどうでもいい。尊敬する放送作家の倉本美津留さんという方がいらっしゃるのですが、倉本さんは「ビートルズを超える」ってずーっと言ってて、本業が超忙しいのに音楽活動をずーっとされているんです。冷静に考えて、50歳を超えている人が今から音楽でビートルズを超える存在になることはないでしょう。でも、その目標は、倉本さんに無限のモチベーションをもたらしてるんですよね。

日本経済は確実に「進化」している

吉田　ここまで幸せに生きるために個人で何ができるかについて語り合ってきましたが、僕たちは社会の中で生きる個人なわけであって、社会の動きとも絶対に無関係ではいられないですよね。バブルが弾けて以降、日本ってずっと右肩下がりじゃないですか。もう不況がデフォルトで、大企業もバタバタ倒産して、先行き不透明とか不安な時代とか、ここ20年ずっと言われ続けている。悲観的なことばかりが語られますけど、この視点から見ると、日本もポジティブな未来はあるよ！　っていう材料はありますか？

石川　国の経済状況を測る指標といえばGDPが有名ですが、日本ってGDPは過去20年変わってないんですよ。ただ「経済複雑性指標」では世界一なんです。

吉田　また意外なとこからきましたね。経済複雑性指標？

石川　「どれだけ多様なものを生み出してるか」の指標で、単純にいえば「いろんなものをつくっているか」。この経済複雑性指標ってので見ると、日本は世界では、いちばん複雑なんです。圧倒的に。

吉田　へえ！　量は変わってなくても、質はかなり変わっているんだ！

石川　この指標は、その国の中長期的な経済状況をもっとも反映するといわれてるんです。次へジャンプするときのための蓄えとも見れる。ＧＤＰはいわば瞬間最大風速みたいなもので、あくまである年の指標ですから。江戸時代も同じ流れがあったんですよ。江戸時代って、あるときから人口はほとんど変わってないんです。

吉田　それはいつくらいですか？

石川　１７００年くらいから江戸時代が終わるくらいまでの１５０年間、人口はほとんど変化していないんです。でもその間、寺小屋の普及もあって、国民全体として質は高まっていた。そこへ黒船というショックが入ったことで、また大きな飛躍が生まれた。そういうふうにも解釈できる。……と、わき道にそれましたが、要は「物事は見ようによってはいくらでも見られる」ってことです。ＧＤＰという指標で日本はダメだって言いたがる人もいるけれど、「こっちの指標で見れば、今の日本は最高にいい」とも言える。そう言えるかどうかは、完全に知識の問題。知は力なりって、そういうことだと思います。

吉田　「知る」ことによって、異なる価値観の軸を積み上げていくことができますからね。知恵や知識があれば、どんなひどい状況であっても、別の軸から見ることができて、なんらかのプラスを見つけ出せるはず。裏を返せば、「絶望」って、無知の結果じゃないでしょうか。「知らないほうがよかった」と思ってしまう現実も確かにあるかもしれないけど、知らずに過ごしていたことのほうが、よっぽど怖いと僕は思う。「知」を手に入れることで、僕たちは今かかえている不安を軽くできて、そして前へ進めるようになる。他者の目線にとらわれずに、自分の人生に意味を感じられるようになる。僕らがごきげんに生きていくために、「知」はこれ以上ない力になると思います。

石川　「専門性で挑めば限界にぶつかる。しかし無知で挑めば限界はない」というのが僕を支える言葉です。まず知を得て、その上であえてそれを捨てて無知で挑む、というところまで行けたら最高ですね！

おわりに

予防医学研究者
石川善樹

ふと思い返せば、吉田さんと初めてお会いしたのは、原宿のカフェだった。きっかけをつくってくれたのは、評論家の宇野常寛さん。

「石川さんと会いたいって言ってる友人を連れてきました〜」

そういって紹介してくれたのが、吉田さんだった。たしか2年くらい前のことだったと思う。ちなみにそのときは、『死神』という落語の話で盛り上がった。

なぜ落語の話になったのか？　理由は単純で、その頃私はお笑いの研究をしており、次のような「笑いの方程式」を考えていたのだ。

$$S(D,\mathcal{M})=KL(P(M|D),P(M))=\int_{\mathcal{M}}P(M|D)\log\frac{P(M|D)}{P(M)}dM$$

……といわれても意味不明だと思われるかもしれないが、これは「お笑いにおけるボケ」を式にしたものだとご理解いただきたい。いずれにせよ、そんな話を吉田さんにしていたら、「死神って知ってます？」と聞かれたので、「ヒトを殺す神様ですか？」と応えると、「いやそうじゃなくて、落語の『死神』です」とのこと。

まったく知らなかった私は、「どういう落語なんですか？」と尋ねると、吉田さんはいつもの早口で流れるように説明してくれた。

「落語における最大の未解決問題の一つが、この『死神』なんです。というのも、落語は最後にオチがあって終わるんですが、この『死神』だけは、オチのパターンがいくつもあって、これっていうものがまだ見つかっていないんです。もしかしたらこの笑いの方程式を使えば、『死神』のオチが見つかるんじゃないかと思って！」

その話を聞いた私は、「なるほど、それはおもしろいですね!!」と大いに盛り上がった。
これが、初めての出会いだった。

今だから告白するが、お恥ずかしながらその時は、吉田さんがラジオの超有名アナウンサーであることはつゆ知らず、「おもしろい人に会ったなー、また会いたいな!」と呑気に構えていたのだった。

すると、すぐに2回目の出会いは訪れた。

「石川さん、ラジオの未来について相談があるんですが!」

という連絡をいただき、「なぜラジオなんだろうか?」と不思議に思いながら話していくと、「なるほど、吉田さんはラジオのアナウンサーなのか!」と遅まきながら気がついたのだった。

ちなみにこのときの雑談では、「そもそも流行が起こるって何ですかね?」という本書にもつらなるテーマがあがっており、そんなこんなが積み重なって、今回の対談企画が実現したのである。

……こうして改めて振り返ると、本当に人生とはご縁だなーと感じ入る。より正確に言えば、ご縁に振り回されて生きているのが自分だなと思う。

もちろん、そうではない生き方をしている人もいる。たとえば本書でも登場したが、「サー（爵位）」を目指す後輩は、それに資するかどうかによって会う人を選別している。つまり、「サー」になるうえで得な人か、そうでないかだ。

私はその後輩に会うたびに、「すごいなー」と感心してしまう。同時に「自分にもそれぐらい強烈に欲しいものがあったらいいな」と憧れにも似た気持ちを抱いてしまう。だが、残念ながら私には、そんなものはない。だから、出会った人とのご縁を大事にかみしめ、生きていくしかないのだ。

そういう意味で、本書のテーマたる「どうすれば幸せになれるか？」という問いについて、私は次のように答えるだろう。

「人生を因果ではなく、因縁としてとらえること」

どういうことか、そのココロを説明させてほしい。人生を因果としてとらえるとは、後輩のように明確な結果（サーになる）と原因（そのために大事なこと）を意識しながら生きるということだ。

その一方、人生を因縁（ネットワーク）としてとらえるとは、どこに向かうかはわからないが、出会いというご縁を積み重ねると、いつかどこかには着くでしょうという発想だ。私のような大した野望もない人間は、こっちのほうが生きやすい。

こうした視点で改めて吉田さんを見ると、つくづく「因果」と「因縁」をうまく両立されている方だなーと思う。

「ラジオを盛り上げたい！」

「ごきげんでいたい！」

という明確なる「結果」にむかって突き進みながらも、一方で私のような研究者とも「縁」を大事にしてくれる。それが、長い対談を通して感じた「吉田」像である。そのような意味で私は、「サー」を目指す後輩と同様、憧れにも似た思いを吉田さんに感じてしまうのである。

しかし。

人間の基本的な本性は、おそらく変わることはない。それゆえ、私は後輩にもなれないし、吉田さんにもなれない。どこに向かうかわからない不安をかかえながら、日々のご縁を大事に、人生をさまようしかないのだ。

……そんなことを、改めて対談を読み返しながら感じた。読者のみなさんは、本書を通してどのようなことを感じたのだろうか？　ぜひ、機会を設けたいので、吉田さん、私、そして皆さんとともに語り合ってみたいし、そこから新たなご縁が生まれるのではないかと密かに期待している。

さて、長くなったが、最後に家族（妻と息子）への感謝を述べたい。仕事から帰って心から安らげるのは、二人の笑顔のおかげです。いつもありがとう。そしてこれからもよろしくお願いします。m(_ _)m

２０１７年、東京にて
石川善樹

デザイン：川名 潤
装画・本文イラスト：456
写真：川しまゆうこ
DTP：小川卓也（木蔭屋）
校正：川平いつ子
編集協力：阿部花恵
編集：服部美穂、西條弓子

石川善樹　Ishikawa Yoshiki

1981年広島県生まれ。東京大学医学部健康科学科卒業、ハーバード大学公衆衛生大学院修了後、自治医科大学で博士（医学）取得。「人がよりよく生きるとは何か」をテーマとして、企業や大学と学際的研究を行う。専門分野は、予防医学、行動科学、計算創造学など。2017年7月、子ども向け理系絵本『たす』（白泉社）が刊行。また近日『〈思想〉としての予防医学』が刊行予定。
Twitterアカウント　@ishikun3

吉田尚記　Yoshida Hisanori

1975年東京都生まれ。慶應義塾大学文学部卒業。ニッポン放送アナウンサー。2012年に第49回ギャラクシー賞ＤＪパーソナリティ賞。「マンガ大賞」発起人。ラジオ『ミュ～コミ＋プラス』(ニッポン放送)、『エージェントHaZAP』(ＢＳフジ)などのパーソナリティを務める。マンガ、アニメ、アイドル、デジタル関係に精通し、2017年には自ら新型ラジオ『Hint』のクラウドファンディングを3000万円以上集めて成功させた。著書に『ツイッターってラジオだ！』(講談社)、『なぜ、この人と話をすると楽になるのか』（太田出版)、『アドラー式「しない」子育て』（白泉社／向後千春との共著）など。Twitterアカウント @yoshidahisanori

どうすれば幸《しあわ》せになれるか科学的《かがくてき》に考えてみた

2017年9月21日　初刷発行

著者／石川善樹《いしかわよしき》　吉田尚記《よしだひさのり》

発行者／川金正法

発行／株式会社KADOKAWA
〒102-8177　東京都千代田区富士見2-13-3
電話　0570-002-301（ナビダイヤル）

印刷・製本／図書印刷株式会社

KADOKAWAカスタマーサポート
[電話] 0570-002-301（土日祝日を除く10時～17時）
[WEB] http://www.kadokawa.co.jp/（「お問い合わせ」へお進みください）
※製造不良品につきましては上記窓口にて承ります。
※記述・収録内容を超えるご質問にはお答えできない場合があります。
※サポートは日本国内に限らせていただきます。

定価はカバーに表示してあります。

ISBN 978-4-04-069319-4　C0095